黒川敦彦

JN054776

ソフトバンク崩壊の恐怖と
農中・ゆうちょに迫る金融危機

講談社+α《プラスアルファ》新書

はじめに

今回この本を手に取っていただいた方、はじめまして。普段、私のＹｏｕＴｕｂｅチャンネル「オリーブの木チャンネル」をご覧いただいている方は改めまして、こんにちは。

政治団体「オリーブの木」の代表の黒川敦彦と申します。私は、政治運動を通じて皆さんにあることをお伝えしたいのです。それはすなわち私がなぜ政治運動をやっているのかという理由でもあるのですが、

「間もなくリーマン・ショックの数十倍の金融危機が起こります」

「金融危機が起こることを皆さんに伝え、制度を変革したい」

この一念で、いままで活動しています。２００８年、アメリカで、信用力の低いいわゆる「サブプライム」層に対する住宅ローンの焦げ付きが急速に広まったことから、こうし

た債権を証券化した金融商品の価値が急減し、アメリカの名門投資銀行リーマン・ブラザーズが経営破綻に追い込まれました。その影響は金融界にとどまらず、世界中の実体経済に大打撃を与えました。当初、日本に対する影響は軽微と報じられていましたが、実際には成長率が急低下するなど壊滅的な被害が生じました。

われわれ庶民の暮らしが苦しいのは、金融機関が本来の仕事をせずにマネーゲームに興じているからです。そして、それがもう収拾がつかないところまで来ています。現代はあまりにお金に縛られた社会になってしまっているからこそ、なんとか制度を変えていきたい、と思っています。

日本、ＥＵでは金利がゼロに張り付き、アメリカではＦＲＢ（連邦準備制度理事会）がわずかに金利を維持していますが、トランプ大統領は「われわれはドイツや日本などより金利を下げるべきだ」（We should have lower interest rates than Germany, Japan and all others）と公言して露骨にプレッシャーをかけています。

そのために、多くの先進国では、いくら手元に巨額の資本を持っていても、通常の手段ではお金を増やすことが難しくなっています。金利が高いのはアルゼンチンやブラジルなど新興国の債券ですが、そういった国では通貨が暴落するなど、投資先としては危険が大きくなっています。

つまり、世界の投資家と称する人たちは、「おいしい投資先」を血眼になって探しているわけです。

そこでウォール街の賢い人たちが、金融工学と称するインチキ数学を使ってデリバティブ＝金融派生商品を生み出しました。世界のデリバティブの総額は驚くことに6京《けい》円にのぼります（2015年6月時点）。天文学的な数字です。一日に6000億円投資したとしても、全部を使い切るには100万日かかるという額です。

つまり、世界には6000億円レベルの投資家、投資グループが100万あるという計算です。

しかし、仮にこの6京円のデリバティブが爆発したら、世界経済はおしまいです。

デリバティブのリスクの評価は本当に困難です。リーマン・ショックのときのリーマン・ブラザーズは格付けAAA（トリプルエー＝最上級）でした。倒産するなど、誰も夢にも思っていなかったわけです。

しかし、2008年、リーマン・ブラザーズが倒産すると、サブプライムローンの問題が世界中に拡がりました。

その数十倍の危機が、間もなく訪れるかもしれないのです。

ですから私は、「炭坑のカナリヤ」として、金融危機が起こる前に鳴くことで「構造そのものを変えないと間に合いませんよ」と伝えるために政治運動に身を捧げています。リーマン・ショック以上の金融危機が起これば、影響は金融界にとどまりません。皆さんの生活が立ち行かなくなるわけで、それは防ぎたいのです。

なぜ金融危機が起こることを予測できるのかといえば、またもバブルが起きているからです。

「不動産業界・宿泊業界のAmazon」と言われた、インドのユニコーン企業（後述）「OYO（以下、オヨ）」は未上場にもかかわらず「上場時の時価総額が5兆円」と報じられていました。

詳細な分析は本文に譲りますが、「敷金、礼金不要」「月単位で借りられる」と喧伝《けんでん》しているビジネスモデルは、すでにレオパレス21やマンスリーマンションが手がけていたものです。

オヨを一言でいえばただの転貸業です。利用者からは、「部屋にネズミが出ました」「予約をしたのに部屋が取れていない」などと、ネット上に苦情が多数書き込まれる事態になっています。

しかし、そんな企業でも「ＡＩ（人工知能）」というはやり言葉を冠すると、あり得ないような時価総額となるのです。

その他、「Ｕｂｅｒ」「ＷｅＷｏｒｋ（以下、ウィー）」などは、ＡＩとはほど遠い残念な実態が明らかになりつつも、未上場なのに時価総額が兆円規模の報道がなされてきたのです。ウィーに至っては、ゴールドマン・サックスなどの投資銀行が公開を持ちかけ、一時は「６００億ドル水準で公開される」と語られていました。まだ一度も黒字となっていないベンチャー企業の時価総額が６兆５０００億円もあるという、これをバブルと言わずして何と言うのでしょう。

そして、当然、バブルは崩壊する運命にあります。ウィーは公開準備が進むと、ＣＥＯのアダム・ニューマンの背任行為や不正、奇行が取り沙汰され、気がつけば公開価格の見積もりは１５０億ドル程度に急激に下落し、挙げ句の果てに上場も見送られました。

このバブルに踊らされていたのは誰あろう、孫正義氏です。説明が不要なほどの世界的な経営者で、ソフトバンクグループの創業者です。ソフトバンクは度重なる巨額投資によって有利子負債が18兆円を超えています。ソフトバンクに万が一のことが起これば、メインバンクとなっているみずほ銀行も壊滅的な打撃を受けることでしょう。

危ないのはソフトバンクだけではありません。ゆうちょ銀行、農林中央金庫、地方銀行のいくつかが投資銀行から多額のデリバティブを買わされており、今後危機的な状況となる可能性があるのです。

バブルに踊った企業や人々が責任を取るだけなら、一時の不況で収まるでしょう。しかし、金融システムが世界規模かつ複雑に絡み合っている現代では、われわれ庶民まで金融危機のツケを払わされることになるのです。結局、いちばんの被害者は資本主義の中における弱者である、われわれ庶民なのです。

前兆は、すでにいくつも現れています。

一例をあげれば、２０１９年８月14日、アメリカの10年債という長期の債券の利回りが、２年債利回りを下回った「逆イールド」という現象です。

債券市場では、通常、長期金利は短期金利よりも高くなります。しかしごくまれに、「目先のインフレ懸念《けねん》が強い」「短期金利が何らかの理由で急騰した」などの要因によって、長期と短期の金利が逆転します。これが逆イールドです。

今回の逆イールドの背景にあるのは、世界的なカネ余りです。リーマン・ショック以降、アメリカ、ヨーロッパ、中国の中央銀行が巨大な規模の金融緩和に踏み切ることによって、世界経済の崩壊を防ごうとしました。その結果、いま世界には、行き場を失ったマネーが溢れています。

そうしたマネーの暴走によって、２０１９年の8月に一時的に短期の債券に対する買い注文が溢れ金利が急上昇したのです。

この逆イールドが起こると過去50年間、１００％の確率で景気後退が起きています。２００８年のリーマン・ショックの直前にも起こっています。

中国ではシャドーバンクの存在が憂慮されています。シャドーバンクとは通常の銀行とは異なり、投資銀行、証券会社、ヘッジファンドなどの「理財商品」という金融商品を手がける運用会社です。この実態は把握されていません。やや古いデータですが、２０１３年末の時点で５８７兆円もの貸出残高があると言われていました。

中国の金融マンは楽観論を口にします。

「中国は市場経済ではなく、政府の指導によって適切な金融、財政政策をとることで、金融危機も防げる」

危機的な状況も政府がコントロールできる、と説くのです。ただ逆にいえば、中国当局が発表する統計もまた信用が置けない、ということです。中国の成長率も中国共産党による政治的な思惑を含んだうえでの発表となっていることでしょう。

また中国の投資額は、ＧＤＰの50％近くあります。それに対して個人消費はＧＤＰの30％台にとどまっており、投資が過剰になっていることが見て取れます。カネ余りで、非効率的な投資が行われている可能性が高いのです。

また、中国の都市部の不動産の値上がりは、バブル以外の何ものでもありません。上海や、北京など中国の主だった大都市の不動産価格は、いまや東京を上回っています。

ＥＵに目を移しても、いくつもの地雷があります。財政破綻したギリシャ経済は低迷したままで、回復の兆しが見えません。スペインの経済は上向きですが、失業率は10％を超えています。イギリスのＥＵ離脱、ドイツ銀行の破綻懸念など、世界中どこかの不良債権の影響で連鎖的に危機に陥る可能性があるのです。

先にも触れたように、強欲な金融資本家の手によって世界中に6京円のデリバティブがばらまかれました。さらに、シャドーバンキングの総額は1・8京円と言われています。

この膨れ上がったバブルが崩壊するのは間もなくです。

私は次の金融危機についてこう考えています。

「早ければ2020年中に、リーマン・ショックの数十倍の金融危機が訪れる」

想像を絶する速さで、世界中の誰も経験したことがない規模の巨大な金融危機の波が間もなく押し寄せてくる、と見ています。

お湯をいっぱいに張った浴槽に人が入ると、すべての面からお湯が溢れ出るように、世界中に金融不安が拡大し、溢れ出します。世界の金融と経済を呑み込む津波から逃れる術《すべ》はありません。あまり遠くない未来、皆さんを奈落の底へと落とすかもしれません。

本文に入る前に、私の基本的な考え方を述べておきます。「オリーブの木チャンネル」などでベーシックインカム（全国民に対する所得保障）や格差是正を語ってきましたが、左派ではありません。経営者や金融マンが大金持ちになることは否定していません。

才覚に優れ、弛《たゆ》まぬ努力をした者が、億万長者となっても一向に構いません。年間で何十億と稼ぐこともあるでしょう。だがしかし、それはフェアな競争の下で競り勝ったのならば、です。

寝食をとる間も惜しんで働いた結果、その業績が社会に認められ、公正な税負担を引き受け、さらにわれわれ庶民の暮らしを壊さないならば、です。

残念ながら本書で取り上げる人々の大半は、金融技術を駆使し、まるで魔法のように口座残高の数字を膨らませていったのです。第2章で触れているように農家がコツコツ働いて貯めたお金を集め、100兆円もの巨大なファンドを作って、危険な外国の金融商品を買いあさっている農林中央金庫のような金融機関もあります。

ウォール街に代表される金融界は、リーマン・ショックの失敗を経てもなお、金融システムの見直しや規制強化に着手することなく、よりハイリスク・ハイリターンの商品に傾斜しています。このままでは、歴史はまた繰り返されるでしょう。

私は大阪大学でベンチャー投資に関わり、十数社の起業を支援し、経営指導にあたりました。阪大は、ベンチャー企業への投資・育成を積極的に手掛けており、その後東京大学や京都大学なども追随しました。私は、学内で埋もれている技術に資金をつけ、経営指導することで大きな企業に育てるという仕事に、非常なやりがいを感じたのです。

しかし、2008年のリーマン・ショックを目《ま》の当たりにして、金融業界の現状に強い危惧《きぐ》を抱き、政治の世界に転身しました。

自分のそうした経験から、イカサマ師のような人間が儲かり、真面目に暮らしている人が割を食っている実態を皆さんにお知らせすることは自分の使命だと考えています。

当たり前のことですが、資本主義において金融の役割は、投資家に対し、健全かつ有益な投資のチャンスを提供することです。

また、公正に資金を循環させ、企業の成長や市場の発掘・発展を促すことです。

儲けのためにありもしない市場を捏造《ねつぞう》し、一般投資家をダマしたり、利益追求のあまり、よりリスクの高い金融商品の開発に邁進《まいしん》している現状にノーを突きつけたいのです。

これ以上、金融資本家からダマされないように、この本を羅針盤としていただきたいと思います。

ソフトバンク崩壊の恐怖と農中・ゆうちょに迫る金融危機◉目次

第2章　農林中金はなぜ危ないか――仕組債CLOの罠

第3章　ゆうちょマネー100兆円に迫りくる金融危機

第4章　危機の黒幕――渡り鳥金融マンたち

第5章　金融資本と闘うために

第1章　18兆円の借金まみれ　ソフトバンクの抱える爆弾

衝撃の巨額赤字と居直り会見

ソフトバンクグループ株式会社（ＳＢＧ）は２０１９年7〜9月の第２四半期連結決算で、７００1億円もの巨額の最終赤字を計上しました。

売上高は2兆３１５３億円と横ばいでしたが、営業損益は７０４３億円の赤字、最終損益もほぼ同額の７００1億円となりました。わずか３ヵ月間で、７０００億円もの大赤字です。２０２０年2月に発表された10〜12月期の決算では黒字に転換したものの、前年同期に比べ92％もの大幅な減益となりました。

私は２０１８年はじめころからソフトバンクの危うさに気づき、繰り返し警告を発してきました。「はじめに」でも申し上げたように、金融の世界に身を置いて２００８年のリーマン・ショックを見てきた経験から、事業会社ではなく投資の会社に変貌したソフトバンクの経営に疑いの目を向けていました。２０１９年秋以降、同社の危機を伝える報道が国内外のメディアで相次ぎ、後述するように古参幹部にも会社を離れる人が出てきています。

ソフトバンクはグループ全体で18兆円にものぼる有利子負債を抱えていますが、その資

2019年11月6日、赤字決算について説明する孫正義社長

金繰りが危惧されているのです。

プライベートジェットで世界を飛び回る孫正義社長が、資金の出し手を求めて世界中をさまようなんてことになれば、「投資会社」としては末期症状です。そんなことが起こらないことを祈るばかりですが、いずれにせよ、ソフトバンクの高利率の社債を購入している人たちは、気が気ではないでしょう。

ソフトバンクグループの個人向け社債は富裕層に人気で、発行されれば「瞬間蒸発」というほどのスピードで売り切れるそうです。同社の社債を購入している人は約65万人（のべ保有口座数、2019年3月時点）、発行額は3兆7300億円にのぼります。しかし、ソフトバンクに万一のことがあれば、その社債は紙くずになってしまうのです。

２０１９年11月６日、東京・箱崎のロイヤルパークホテルで開催されたソフトバンクグループの決算説明会で、孫正義社長は多数の記者の前に姿を現し、自らの口で「これだけの赤字を出したのは、創業以来はじめてのことでございます」と説明しました。

「ご覧の通りボロボロでございます。真っ赤っ赤の大赤字。創業以来のことであり、まさに台風というか、大嵐でございます」

それでも、孫氏は強気な姿勢を崩しませんでした。

「反省はするが萎縮はしません」

「大勢に異常はない、と考えています」

孫氏が幕末の志士・坂本龍馬を尊敬し、社長室隣の会議室に巨大な龍馬の写真パネルを置いていることはよく知られています。ときには高知に足を運び、龍馬愛用の木刀で素振りをしたこともあるそうです。

しかし、自らを龍馬になぞらえる孫氏の「志」がどのようなものか、私にはいまひとつはっきり見えてきません。

質疑応答の時間となると、孫氏は笑みを浮かべてこう語りました。

「今日は色々あるだろうから、いつもより長めに質問に答えましょう」

記者が、

「ＷｅＷｏｒｋへの投資を損切りせずに再建を選んでしまったのは、還暦を超えた孫さんの限界ではないのか」

と問うと、孫氏は笑みを浮かべたまま、

「Ｙａｈｏｏ！ＢＢ、日本テレコム、ボーダフォンと難しい事業に深く突っ込んで再建した自負がある。年齢にかかわらず方針は変わりません」

そう自信満々に切り返し、これまでにくぐってきた修羅場の違いを感じさせました。

これだけひどい決算内容にもかかわらず、会見の模様を報じるメディアの論調はどちらかといえば孫氏に好意的なように感じられました。

「あの孫正義が大丈夫だと言っているのだから、今回も大丈夫なのだろう」——メディアの多くも、一般の投資家も、まだそうした「孫正義神話」に信を置いているのではないでしょうか。

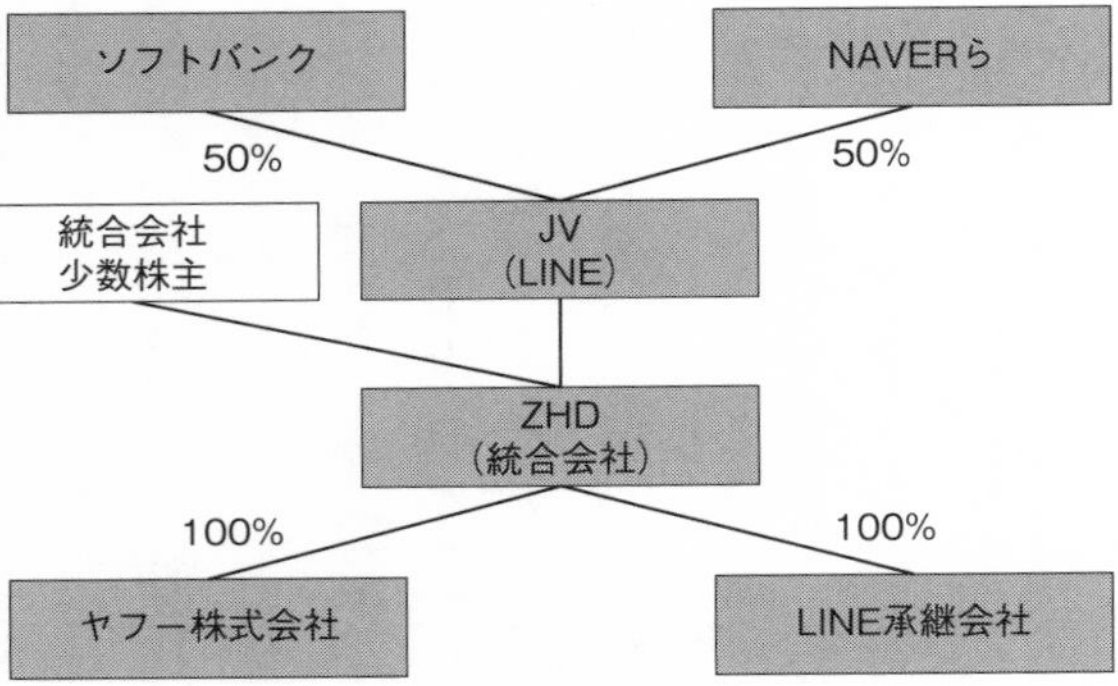

ソフトバンクが公表したLINE統合後のスキーム

この「史上最悪」の決算発表のちょうど1週間後の11月13日、ソフトバンクはまたも大きなニュースの発信源になりました。

国内外あわせて８０００万人もの会員を抱える無料通信アプリ運営会社「ＬＩＮＥ」と、ヤフーの経営統合を発表しました。それによって、巨額赤字決算のイメージを払拭《ふっしょく》し、ソフトバンクグループの株価を再浮上させることに成功しました。

ＬＩＮＥとの経営統合はヤフーの川邊健太郎社長らが中心となってまとめたように報じられていますが、実際には孫氏が以前からＬＩＮＥの親会社である韓国のＮＡＶＥＲに働きかけ、地ならしをしていたようです。

経営統合後の持株会社・Ｚホールディング

ス（ZHD）がヤフーとLINEを傘下に収める形になりますが、同社の社長にはヤフーの川邊氏が就任しますし、ソフトバンクとNAVERが折半出資する持ち株会社のほか、ソフトバンクに近い少数株主が出資する形になっており、LINEはソフトバンクの連結対象子会社となり、実質的に傘下に入ったといっていいと思います。川邊氏は11月の記者会見で、

「日本、そしてアジアから（アメリカ、中国に対抗する）第三極をつくりたいと思っています」

と孫氏ゆずりの強気の発言をしていました。

LINEとヤフーの統合は、はたしてソフトバンク復活への、起死回生の一手なのでしょうか。

私には、到底そうは思えません。

「投資会社」に変貌してしまった

問題の根本は、ソフトバンクグループが事業会社ではなく、投資会社に変貌しているという事実です。

1981年、ソフトウエアの流通業としてスタートを切ったソフトバンクはその後、出版、展示会、インターネット、ブロードバンドのインフラ、携帯電話と次々と本業を変えていきました。

その都度、ソフトバンクはその先行きを危ぶまれてきましたが、孫正義氏の天才的な勝負勘で業容を拡大し、いまや日本を代表する巨大企業に成長しました。

特に、街頭でADSLモデムを無料で配布したYahoo!BB、1・7兆円もの巨額でイギリスのボーダフォンの日本法人を買収した携帯電話事業など、孫氏は次々と「大バクチ」に勝ってきました。とくに携帯電話事業では、アップルのスティーブ・ジョブズ氏との人脈を生かしてiPhoneをいち早く導入することに成功、ドコモやauに差をつけたことは、孫氏の人脈と事業家としての実力を強く印象づけるものでした。

これまでのソフトバンクの歩みをまとめると、こうなります。

1981年　日本ソフトバンク設立
1995年　コムデックス買収。米ヤフーに出資
1996年　アメリカのヤフーと合弁で、ヤフー株式会社を設立、ポータルサイトYah

ｏｏ！ＪＡＰＡＮをオープン。オーストラリアのニューズコーポレーションとテレビ朝日の株式を取得。アメリカのキングストンテクノロジーを買収。トレンドマイクロへ出資

１９９８年　東証一部に上場

２０００年　日本債券信用銀行（現・あおぞら銀行）をオリックスなどと共同で買収。中国アリババに出資

２００１年　ブロードバンド通信に参入し、東京めたりっく買収

２００４年　プロ野球ダイエーホークスを買収し、福岡ソフトバンクホークスに。日本テレコム買収

２００６年　ボーダフォン日本法人買収

２０１３年　アメリカのスプリントを買収。フィンランドのスーパーセルを買収

２０１４年　アメリカのブライトスターを買収

２０１６年　イギリスのＡＲＭホールディングス（以下、アーム）を買収

こうして見てみると、孫氏は実に積極的にＭ＆Ａ（企業の買収と合併）を仕掛けている

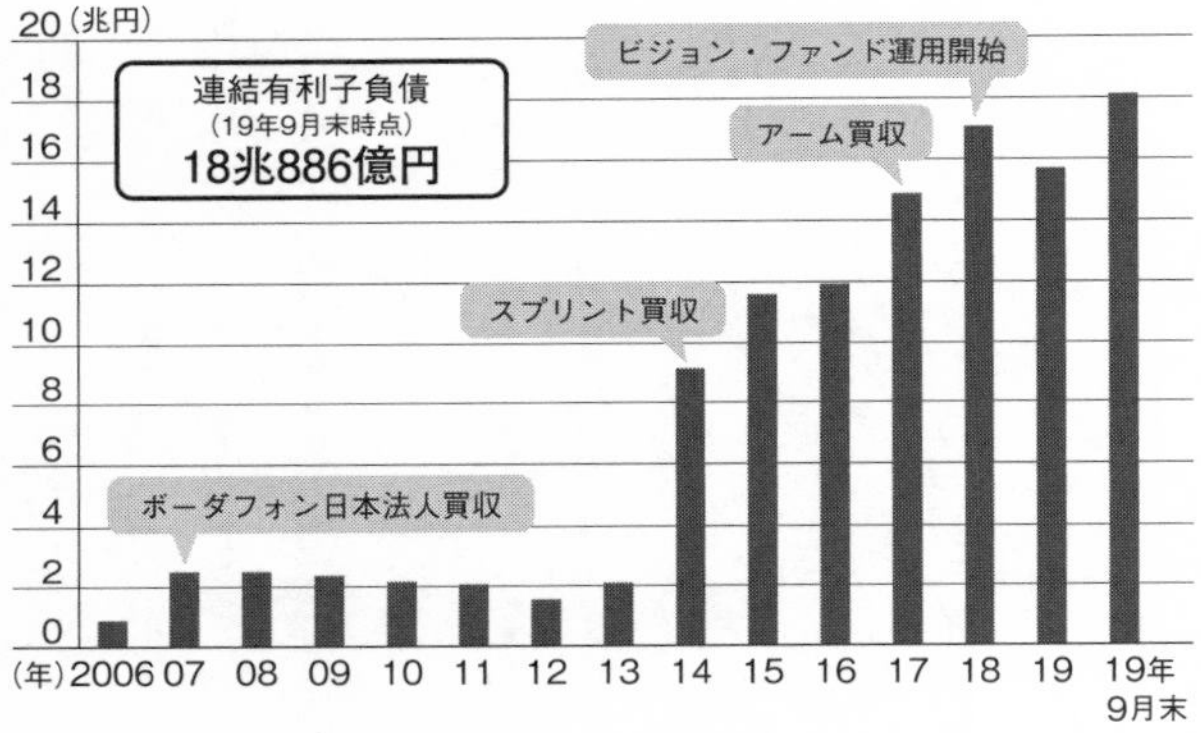

＊各年3月期

ソフトバンクグループの有利子負債

ことがわかります。つまり、孫氏には以前から「投資家」としての顔がありました。

なかでも大きな成功例はアリババです。アリババに２０００万ドル＝約20億円を出資し、後に10兆円を超える含み益へと繋がりました。後述するようにこれが現在のソフトバンクグループの財務を支え、「孫正義神話」のもとになっています。もちろん、孫氏自身も、自らの「眼力」に自信を深めているはずです。

一方、事業家としての手腕には、近年、影が差しているように思います。

２０１３年に1兆８０００億円を投資し、アメリカのスプリントを買収した際の記者会見では、「情報通信革命を起こす」「ＡＴ＆Ｔ

を抜いて、いずれ世界一になる」と言っていました。ソフトバンクの有利子負債は、この頃から急激に増えていきます（図参照）。その後、イギリスのアーム買収に３兆３０００億円を使い、さらに増えました。これらの資金を用意したのは、みずほ銀行（13年６月まではみずほコーポレート銀行）です。

しかしその後スプリントの経営状態が上向かないとアメリカ第３位の携帯電話会社、Ｔモバイルにスプリントを売却することを模索するようになり、いまではすっかり「スプリントを世界一の携帯電話会社にする」という公約は過去のものになりました。最近ではスプリントとＴモバイルの合併に奔走しています。

この「スプリントの失敗」のころから、孫氏は事業の再建よりも、投資家としての活動にはっきり軸足を移すようになりました。

10兆円ファンドとムハンマド皇太子

ソフトバンクの分岐点といえるのは、２０１７年5月です。

サウジアラビアのムハンマド・ビン・サルマン皇太子（正確にはサウジの政府系ファンド「パブリック・インベストメント・ファンド」）の出資を受け、「ソフトバンク・ビジョ

ビジョン・ファンドへの出資を決断したムハンマド皇太子

ン・ファンド」を設立したのです。
このソフトバンク・ビジョン・ファンド（SVF）は970億ドル＝約10兆円という空前の規模で、上場はせず、非公開市場での資金調達となりました。ソフトバンクグループは281億ドル＝3兆円、ムハンマド皇太子は450億ドル＝4兆8500億円を出資しています。しかも、後述するように、サウジの出資の相当部分は7％もの超高率の利回りを保証されています。

ともかくムハンマド皇太子と組んだことで、孫氏は「将来性の高いスタートアップ企業をいち早く見抜くベンチャー投資家」として世界的に知られる存在となりましたが、裏を返せばそこまでの条件を提示しないとサウジの資金を引き出せなかったということです。

「AI（人工知能）で世界を変えて人類を幸福に」

そう大きく掲げ、世界中のスタートアップ企業に対して投資活動を開始しました。

ビジョン・ファンドの投資手法の一端が、報じられています。東南アジアなど、人口が増えることが見込まれている新興国で、将来有望なスタートアップ企業を見つけると、1億ドル（約108億円）規模の巨額の出資を申し出ます。出資するということはその会社の株式を握るということで、ビジョン・ファンドは数年先の上場時にその株を売れば、巨額の利益を得ることができるわけです。

仮に出資の要請を受けた企業の側が経営へのソフトバンクの関与を嫌い、出資を断ると、「それならば同業の他の企業に出資する」と言われるそうです。ほとんどのスタートアップ企業にとって1億ドルもの資金は夢のような金額ですし、新興国ではそれだけの資金があれば設備投資や広告などで一挙に業界標準を握ってしまうことも可能です。

仮に同業他社がその資金を握れば、ライバル社にとっては存亡の危機になります。「選択の余地」はないのです。

ビジョン・ファンドの一件当たりの投資規模は最低でも1億ドル、場合によっては数十億〜100億ドル超の大型出資もあります。想定される上場時の時価総額が10億ドル以上の企業を「ユニコーン」と言っていますが、いまや孫氏は巨額の資金を流し込むことによって無理やりユニコーンを作り上げてしまっているのです。

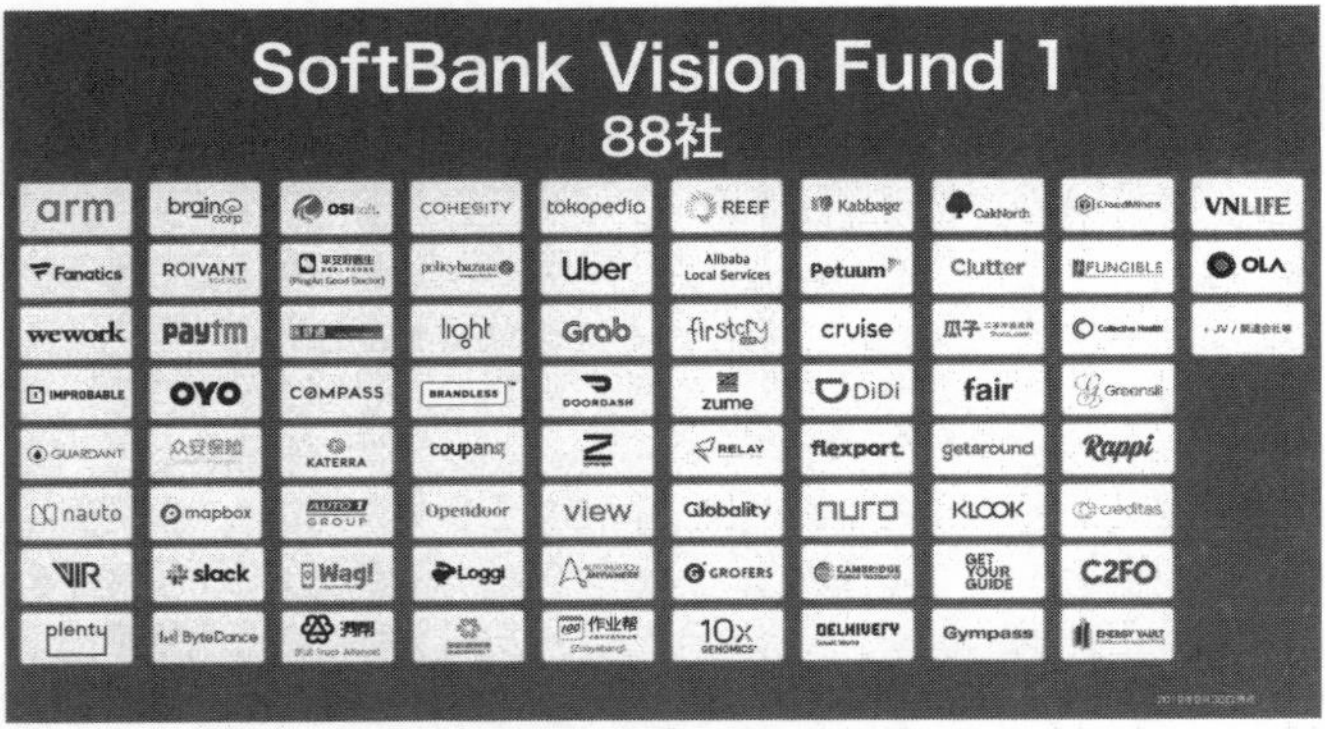

ビジョン・ファンドの出資先一覧（決算資料より）

２０１７年のビジョン・ファンド発足当時、この投資戦略は非常に有効で、巨額のリターンをもたらすと期待されていました。孫氏が、すぐさま「同じく10兆円規模の第2号ファンドを設立する」とぶち上げたのは自信の表れでしょう。

「自分の情熱の97％をビジョン・ファンドに注いでいる」

と発言したこともありました。ヤフーやソフトバンク、スプリントなどは部下に任せ、自分は投資に専念しているということです。

２０１３年のスプリント買収のときとは、すっかり様変わりしました。孫氏は、「自分は事業家ではない。投資家だ」と言うのです。

このころが、ソフトバンクのピークだったといえるかもしれません。その後、事態は暗転しはじめます。

孫氏が出資した会社の内情

孫氏は、集めたお金で次々にベンチャー企業への出資を決めていきました。インドのユニコーン企業「ＯＹＯ（オヨ）」、オフィスを転貸する「ＷｅＷｏｒｋ」、配車アプリの「Ｕｂｅｒ」、スポーツ用品ＥＣサイトの「Ｆａｎａｔｉｃｓ」、衛星通信会社の「ＯｎｅＷｅｂ」など次世代技術と思われる事業を起こした会社へと投資しています。

その都度、

「〇〇は第二のアリババか」

「ソフトバンクはさらに素晴らしい会社となる」

と喧伝し、ビジョン・ファンドのリターン（投資家への還元）は年率45％と報じられると、いっそう過熱感が広がりました。出資した1億円が、たった1年で４５００万円の利益を生んだら、投資家としてば笑いが止まりません。しかし、本当にこんなうまい話があるのでしょうか。

勢いに乗ったビジョン・ファンドは次々に出資を決め、いまやその総数は88社にも及びます（2020年2月現在）。

しかし、2019年に入って、その投資先企業のお粗末な事業計画が明らかになっていきました。

暗転のきっかけになったのが、「WeWork（以下、ウィー）」です。

この会社は、「上場すれば時価総額5兆円」と言われていました。どこの誰がそんなことを言ったのか、いま考えると疑問だらけですが、高値で株を売りたい証券会社や、その誇大宣伝のしり馬に乗ったメディアによって、ビジョン・ファンドに巨額の利益をもたらすと言われていました。

ウィーは、世界の主要都市でオシャレなシェアオフィスを運営する会社です。ニューヨーク、東京、ロンドンなどの国際的な大都市で、大きな床面積のオフィスを長期で押さえます。それを改築し、細分化してベンチャー企業や小規模零細業者に賃貸し、利益を得るというビジネスモデルです。

美味しいコーヒーも飲み放題ですが、簡潔に言えば「不動産転貸業」です。人から借りたものをまた別の人に貸すことで利ざやを稼ぐ手法です。

一時はマンハッタンだけで100以上のシェアオフィスを運営し、30ヵ国で700のシェアオフィスを展開していました。会員数は500万人を超えていました。

ですが、実際のところ、ウィーはAI企業の衣をまとった不動産転貸会社です。その決算を見ると、年間2000億円もの赤字を垂れ流す企業です。売り上げも年間1900億円程度で、どう転んでも時価総額が5兆円になるとは思えない事業内容です。

後述するようにビジョン・ファンドとソフトバンクは、同社に巨額の資金を投じていますが、いまや上場さえ危ぶまれる事態に追い込まれています。ユニコーンどころか、ソフトバンクを底なし沼に引きずりこむ妖怪のような存在になりかかっています。

ウィー創業者の抱える闇

ウィー創業者のアダム・ニューマン氏にはじめて会ったとき、孫氏は、

「アリババの創業者のジャック・マー氏以来のものを感じる」

と持ち上げたそうです。ニューマン氏はイスラエル出身で、幼少期はイスラエルの伝統的な集落であるキブツで育ち、イスラエル軍に従軍した経験もあります。その後、渡米して起業しています。

ウィーの創業者アダム・ニューマン氏

ちなみに孫氏はモルガン・スタンレーのアナリストを介してジャック・マー氏と会い、「5分で出資を決めた」ことはもはや伝説になっています。

孫氏はジャック・マー氏の凄みについて、2015年に開催されたソフトバンクアカデミア特別講義でこう説いています。

「彼の力というのは、数学の分野ではない。それは自分でも認めています。実は彼の力というのは……もし彼が『この水の中に飛び込め！』と言ったら、100人の人が飛び込みますね。考えもせずに飛び込むと思います。ジャックが『火の中に飛び込め！』と言ったら、おそらく誰かが火の中に飛び込むと思います。彼には、そういった形のカリスマがある」

私がアリババの社員であっても火にも水にも飛び込みたくはないですが、ジャック・マー氏には人間的な魅力があるのでしょう。

しかし、ニューマン氏は、ジャック・マー氏とは雲泥の差でした。

問題行動が、次々に明るみに出てきました。

自分自身で保有するビルをウィーに貸し出して、数億円の利益を出していることが発覚しました。背任に近い行為です。

また、ウィーのCLO（Collateralized Loan Obligation：コラタラライズド・ローン・オブリゲーション＝ローン担保証券）を発行して粗悪な社債を投資家に売り、数億円の利益を上げていました。こちらも背任に近く、経営者として不適切な行為です。

人格的にも問題があり、社内や社外を裸足で歩き回り、大音量で音楽を流し、机に飛び乗り、怒鳴り散らしたり、とマンガのキャラクターのようです。

お気に入りのテキーラを切らすとニューマン氏の機嫌が悪くなるために、社員はケース買いで常備していたようです。パーティではゲストにマリファナを勧め、自らもプライベートジェットで世界中を飛び回りながら、機内でマリファナにひたることもあったようです。

孫氏はビジョン・ファンドを立ち上げた直後の2017年、インドでニューマン氏に出会い、そのクレージーな言動に魅了されて30億ドル、つまり3000億円以上の出資を実行しました。30億ドルを、「直感」で出資したのです。10億ドル以上の価値がある企業をユニコーンと言っていますから、孫氏の「直感」が働いた瞬間、ユニコーン企業が誕生したのです。しかも、その3倍の額です。

巨額の資金を得たニューマン氏はますますクレージーになっていきます。孫氏が、「もっとクレージーになれ」と言ったという報道もあります。

その後、ビジョン・ファンド＝孫氏は、さらに14億ドル＝1500億円を追加出資し、出資比率16・3％で、筆頭株主となりました。それほどニューマン氏に入れ込んだわけです。

しかし、2019年9月、ウォール・ストリート・ジャーナルが、マリファナとパーティに明け暮れ不老不死を夢見るニューマン氏の実像を報じると、ウィー社の幻想は一気に剝がれ落ちました。

〈同氏はいわゆる大手企業のCEOの常識とは無縁だ。初期の頃は騒々しいパーティーに明け暮れた。オフィスの中をはだしで歩き回ることも多い。以前のオフィスでは、トレーナーにサンドバッグを持たせ、人気歌手リアーナの楽曲を大音量で鳴らしながらトレーニングした後、汗だくのまま歩き回った。

一部の著名なハイテク企業ＣＥＯと同じく、ニューマン氏も永遠の命を望んでおり、延命技術を開発するライフ・バイオサイエンシズに投資したという。（中略）「われわれがこれから地球に及ぼす影響は非常に大がかりになる」。同氏は昨年、ロンドン郊外で開催した音楽フェスティバル風のイベントでこう語った。（中略）イベントではアルコールが大量にふるまわれ、バーテンダーが無料のロゼワインをボトルごと配った。世界中から集まった従業員はＣＥＯと写真を撮った。いくつかのセミナーはスピリチュアルな内容で、定期的な瞑想とヨガを提唱する代替医療の専門家、ディーパック・チョプラ氏を招いたものもあった。

ニューマン氏はこの2年間、個人的な目標は世界初の1兆ドル長者になることだと複数の人物に語っている〉（２０１９年9月20日付『ウォール・ストリート・ジャーナル』日本版）

さらに1兆円を「追い貸し」

一部の冷静な証券関係者の間では早くから指摘されていたことですが、ウィーのビジネスモデルの中核はオフィス用不動産の転貸業で、右から左に流すだけです。もっといえば、孫氏が錦の御旗としているＡＩ企業でさえありません。

ウィー社はマンハッタンをはじめ世界中の大都会の不動産を買いあさりましたが、２０１８年は２０００億円もの赤字を垂れ流しました。

ニューマン氏も、孫氏も「いまは初期投資の段階で、近いうちに黒字化できる」と主張しつづけていましたが、一向にその道筋は見えず、赤字ばかりが膨らんでいました。

ウィー社に対する期待感の高いうちに上場して巨額の資金を手にしたいという思惑だったのでしょうが、２０１９年に予定されていた上場の直前に数々の疑惑が発覚し、結局いまだに上場のメドは立っていません。

仮にいま、無理して上場したとしてもその時価は80億ドル（８６００億円）に届かないだろうと言われています。つまり、ビジョン・ファンドの保有する16・３％をすべて売却してもわずか13億ドルということになり、出資した44億ドルのうちなんと30億ドル以上が焦げ付く見通しになったのです。

ここで孫氏はどうしたか。

なんと、さらに95億ドル＝約１兆円もの新規資金をつぎ込むことを選びました。

しかもこの新規資金のために、ソフトバンクグループはメインバンク各行に対し合計６８００億円もの融資を依頼しましたが、三菱ＵＦＪ銀行からは拒否され、みずほ銀行に要請した３０００億円の融資については、現在協議が進行中です。

スプリント買収で巨額融資を決断して以来、孫氏の依頼ならなんでも言うことを聞くようになったみずほ銀行ですら、すぐには決断できない案件なのです。

ウィーの再建を託されたマルセロ・クラウレ氏

みずほフィナンシャルグループを率いるドン・佐藤康博会長は孫氏の盟友と言われ、ソフトバンクに対する融資は、孫―佐藤のホットラインで決まるといいます。こうしたソフトバンクへの野放図な融資に疑問を抱いていたと言われるみずほ銀行のある社外取締役が、２０１９年に突如退任したという事実を、ここで

東京・麴町のウィー半蔵門

は指摘しておきたいと思います。

ウィーに話を戻すと、孫氏は次々にスキャンダルが報じられたニューマン氏を退社させ、ソフトバンクグループ副社長で腹心中の腹心、マルセロ・クラウレ氏を後任の会長に据えたのです。孫氏はなんとしてもウィーを再建するとして、２０１９年11月の決算発表でもその再建計画をスライドを用いて詳しく説明しました。

「（再建には）３つの施策をとります。

まずシェアオフィス用の新規ビルの開業を原則、ストップいたします。２番目に経費削減をします。３番目は不採算な新規事業をすべて売却か、手じまいする。新規ビルをストップするだけで（ウィーは）熟れたおいしい果実に生まれ変わります」

「赤字を止めてから、人工知能（ＡＩ）を使って付加価値を増やすモデルを導入したいと考えています。４〜６年で年間10億ドルぐらいのＥＢＩＴＤＡ（利払い・税引き・償却前利益）を出せます」

私はこの言葉を聞いて、再建にはかなり険しい道のりが待っていると感じました。強気が売りの孫氏が、「4～6年かかる」というのですから、会社の形を一から根本的に変えるということにほかなりません。

「赤字を止めてからAIを使う」というのも、いままではろくにAIを使えていなかったと告白したも同然で、「AI企業に投資する」と言っていた言葉が偽りであったことを自ら認めてしまっています。

なぜこんな会社に投資したのでしょうか。

もうひとつ言えることは、「投資家」になったはずの孫氏とソフトバンクグループが、結局1兆円もの資金を出して事業立て直しに奔走しなければいけなくなったことです。それも、不動産賃貸という、これまでのネットや携帯といった事業とは遠く離れた分野で、それをしなければいけないのです。

ちなみに新社長に送り込まれたクラウレ氏は、2013年に買収したスプリントでも孫氏の命によって社長となり、経費削減などによって赤字を減らすことには成功したものの、業績を劇的に改善することはできませんでした。

孫氏はそのクラウレ氏に、今度はウィーの立て直しをせよと命じたのです。

クラウレ氏はまたも、孫氏が好き放題に食い散らかして「失敗」した投資の尻拭いをさせられているわけで、もしこれでウィー社を再建できなければ、クラウレ氏は孫氏に厳しく叱責され、最悪の場合副社長の座も追われるのでしょう。

クラウレ氏がいつまで気持ちを切らさずに我慢できるのか、人ごとながら心配になってしまいます。

孫氏が「情熱の97%を注いでいる」というビジョン・ファンドの投資事業のお粗末な実績と、それを穴埋めするために地を這うような営業努力を強いられる「現場部隊」の苦労に思いを致すと、暗然としてしまいます。

おそらく孫氏は、スプリント同様クラウレ氏の尻を叩いてウィー社の決算を一時的に改善させたところで他社に転売し、「損切り」することを狙っているのだと思いますが、だとしたら、投資による収益に気を取られるあまり、営業活動や、収支の適正化など、現実の会社経営、事業経営をあまりに軽んじているという批判は免れません。

ちなみにウィー社は、創業者で前社長のニューマン氏に対し、コンサルタントフィー1億8500万ドルなど、合計17億ドル＝1800億円相当もの退職金を支払うことになりました。

１兆ドルの野望には届きませんでしたが、それでも驚くほどの巨額です。喜びのあまり、ニューマン氏はどこかで素足で走り回っているのかもしれません。

インドの不動産会社＝オヨ

孫氏の投資の失敗はまだ続きます。

「不動産業界のＡｍａｚｏｎ」と言われた「ＯＹＯ（以下、オヨ）」も散々な結果となりそうです。

２０１３年に実業家のリテシュ・アガルワル氏が当時19歳で立ち上げた会社です。既存の中小ホテルとフランチャイズ（ＦＣ）契約を結び、人工知能（ＡＩ）を利用し、宿泊料を設定。経営をサポートする見返りに売り上げの一部を受け取るビジネスモデルを考案しました。インドネシアや中国、イギリスなど世界80ヵ国で事業を展開しているそうです。

日本ではヤフーと共同で「ＯＹＯ　ＬＩＦＥ」という賃貸物件向けのサービスを開始しました。

「契約手続きはすべてスマホで完結できます。不動産屋に出向くこともなし。紙での書類のやり取りもいっさいなし」

オヨはそう胸を張ります。その他の売り文句は、

敷金・礼金・仲介手数料はなし
Wi-Fiも完備
保証人は不要、保険や光熱費の契約もなし
部屋には家具家電が完備
利用日数は原則31日〜

便利に違いありませんが、不審に感じた方もいるはずです。

日本の「レオパレス21」も「トリプルゼロ」として敷金・礼金・前家賃なしをすでに打ち出しています。家具・家電付きの物件も多数揃えており、Wi-Fiが完備された物件もあります。レオパレスは窓口でのやりとりが必要ですが、オヨの圧倒的な優位性も特には見えません。

オヨが胸を張る「利用日数1ヵ月から3ヵ月半」という点ですが、日本ではすでに多数

のウィークリーマンションがあります。これといった優位性は見当たりません。

オヨはオーナーを激怒させてもいます。

オーナーには、オヨとの契約にあたり2・5ヵ月分のフリーレント（無料貸し出し）を要請（強制）しています。その期間にお客さんがつけばいいですが、つかなければ、「契約は白紙にしてください」となるようです。オーナーからすれば2・5ヵ月間は募集期間で、その分の利益は失われます。にもかかわらず「客がつかないので契約はなし」となれば「最初から知り合いの不動産屋に頼んでおけば良かったのでは」となります。不動産業界でオーナーを怒らせるのはご法度《はっと》です。転貸業ですから供給元がなくなってしまうわけです。

ホテル業務での優位性はどうでしょうか。オヨは2020年までに2000人以上のシステムエンジニアを雇用するとし、ホテル周辺で開催されるイベント、その日の天気や天候などあらゆるデータに基づいて「ダイナミック・プライシング」と呼ばれる値付けシステムで細かく価格を変動させ、ホテルの稼働率を引き上げるとしています。さらに需要予測と予約システムを連動させることによってコストを引き下げることが可能だと言います。

しかしオヨは、自らがオーナーとしてホテルを経営するのではなく、既存のホテルとフランチャイズ契約を結び、オヨのシステムを導入してもらうというビジネスモデルで、ある程度の改装を前提にしても、どうしてもホテルの設備にバラつきが出てしまいます。また、需要予測による価格変動システムについても、多くのホテルで多かれ少なかれ導入されており、オヨのシステムにどの程度優位性があるのか、不明です。

日本にも「一休ドットコム」「じゃらん」などの宿泊サイトはすでにあります。もちろん携帯電話から宿泊やレストランの予約もとれます。

日本の宿泊施設を支援する団体である、財団法人宿泊施設活性化機構（ＪＡＬＦ）はオヨホテルズジャパンに対して、フェイスブックで見解を発表しました。

厳しい物言いです。

〈日本法人の意思決定を、日本を理解していないインド人が行っているため、ＯＹＯ Ｈｏｔｅｌのビジネスモデルは全く日本市場の実態に即していません〉

〈会社の前線をつかさどる事業開発・法人営業グループ自体があまりに急拡大しすぎたた

め、統率も取れないどころか事実上の無管理状態〉

〈就社初日から業績＝開拓室数を求められるため、かなり無理矢理なセールスとなってしまうのはＯＹＯ社も黙認（もしくは推奨）となっている〉

〈家賃保証型で成功したビジネスモデルなど、古今東西ひとつも見当たりません〉

〈ソフトバンクが出資するビジョンファンドは、特に観光系についてはほとんど経営運営に関与していません。（中略）観光系にあまり興味も関心もないというあたりが複数の上級役員と話して感じた本質かと思います〉

〈被害者の会を結成する意思のある方はＪＡＬＦが支援いたします〉

〈契約内容に問題がある上に、体制もしっかりしていない会社と契約を締結した新しもの好きのホテルサイドにも責任の一端はあるかもしれません〉


【ＪＡＬＦの（ＯＹＯホテルズジャパンに対しての）公式見解】

オヨへの辛辣《しんらつ》な表現で埋められています。日本だけでなく本家のインドでも加盟ホテルからフランチャイズ料などが不当に引き上げられたとの非難が上がり、インドの公正取引委員会が独占禁止法違反の疑いで調査を始めました。

その他、オヨの評判を検索しようとネットを開けば、宿泊者から「写真と部屋が異なった」「アプリから予約したのに行ってみたら部屋が予約されていなかった」「ねずみが出た」「Wi-Fiが使えない」「事前にお金を振り込んだのに当日もとられそうになった」など様々な書き込みがあります。

このトラブル続きのオヨに対してビジョン・ファンドは10億ドル=約1080億円の投資をしています。現在のオヨの企業価値は100億ドル（約1兆800億円）と言われますが、疑問を感じざるを得ない数字です。オヨの2019年3月期の純損失は前期から6倍の3億3200万ドル（約350億円）に膨らんでおり、「オヨは第二のウィーになるのでは？」との懸念が市場で広がっています。

2019年11月になると、ソフトバンク自体が、オヨを見限ったのではないかと思えるような動きがありました。

オヨの日本法人=オヨライフにヤフーが派遣していた二人の取締役が退任し、ヤフーの資本撤退を伝えたのです。ヤフーはオヨライフに100億円を出資し、33・9%の株を持つ大株主でしたが、それをオヨに売却、返上するというのです。

日本でのオヨの事業継続が危ぶまれる事態となり、日本からの撤退が現実味を帯びてきました。不可解なのは、それでもまだビジョン・ファンドがオヨへの出資を継続していることです。

オヨの苦境は日本だけではありません。

２０２０年1月には、主戦場のインドでも、現在の従業員（1万人）の12％にあたる１２００人を解雇し、中国でも1万２０００人の5％にあたる６０００人を解雇すると、報じられました。インドでは、さらに１２００人を解雇するそうです。

巨額の資金を投じたオヨの退潮。私には、ウィーとオヨがまったく相似形に見えます。

ウーバーは本当に優良企業か

問題企業への投資はまだ続きます。

配車アプリの「Ｕｂｅｒ（以下、ウーバー）」です。日本では背中に大きなボックスを背負い、自転車やミニバイクで移動している「ウーバーイーツ」のほうが知られているかもしれません。やっていることは「出前」です。お店からお客さんの指定する場所まで届けます。２０１９年12月、配達員の報酬体系が突如減額改定された、と報じられたことは記憶に新しいでしょう。

ウーバーの本業は配車業です。彼らは「ライドシェア」とカッコよくいいますが、日本語にすると「白タク配車業」です。日本では規制があり、白タク（無許可タクシー）は禁止されています。ですので本業ではなく、ウーバーイーツでの参入となったのです。竹中平蔵氏ら、一貫してアメリカ企業の参入に対する規制緩和を唱える人たちは、「自家用有償旅客運送制度の改善が必要」と国交省に訴えています。タクシー業界の規制を緩和し、ウーバーなど新規の配車業者の参入を認めるように、と働きかけているわけです。

しかし日本では、自交総連（ハイヤー・タクシー、自動車教習所、観光バス労働者の組合）などの猛烈な反対があり、ウーバーがおいそれと参入できる雰囲気ではありません。

２０１９年５月、ニューヨーク証券取引所に上場したウーバーの時価総額の最高額は７兆５０００億円までいきましたが、２０２０年１月現在６兆２０００億円です。株式公開後１５０日で、株価は約３割も下落しました。

運転手は正社員とはせず、あくまで契約です。タクシーの免許がいらないので、「誰でも明日からタクシードライバーになれます」とされています。しかし、その結果としてモラルの低下が報告されています。2018年には3000件以上の性的暴行事件があり、2017～18年には97件の致命的事故によって107人が死亡したそうです。性的暴行のなかには、悪質なレイプ事件もあり、「もう二度とウーバーには乗りたくない」という顧客もいます。

一方でドライバーたちの収入は低く抑えられたままで、ウーバーの株式上場日には世界各地で「待遇改善」を要求するストライキが発生しました。

私が問題であると思うのは、ウーバーが参入した結果、タクシー運転手の生活を壊してしまったことです。

ニューヨークのイエローキャブを例にします。

元来、ニューヨーク市にはお客さんを安全で快適に目的地に運ぶために規制があり、タクシーの登録台数は一定でした。しかし、ウーバーが参入し、過当競争となったのです。ウーバー内で客を奪い合う事態に陥り、ニューヨークのタクシー業界は大打撃を受けています。

ニューヨークのイエローキャブは、1万3600台。過剰に増やさず、雇用は守られていました。しかし、そこにウーバーの契約ドライバーが大量に参入したのです。

兆円単位の資金を後ろから投げ込むことで、市場を席巻するつもりだったのでしょう。百歩譲ってニューヨークのタクシー業界をウーバーが面倒みるなら理解できます。が、ウーバーはいまだ黒字に転換できず、倒産するかもしれません。業界を破壊し、さらにウーバーがいなくなったとしたら、ニューヨークの交通事情はどうなるのでしょうか。

自動車が大量生産されて馬車が駆逐されたように、ウーバーが完全な自動運転技術を確立し、ＡＩ搭載の無人タクシーが街中を走るようになるほどの急激な技術革新が起こるのならば、運転手の職が奪われることは仕方がないかもしれません。

しかし、現状のウーバーはただの配車アプリですから、目新しい技術でもありません。ファンド本来の役割は、需要はあるのに資金が足りずにビジネス化できない企業に対してお金を貸し出し、ビジネスとしての成長を促進していく、ということだと考えます。私が取り組んできたベンチャー企業への投資も、まさにそういう観点で行ってきました。

しかし、ウーバーがやったことは、世界中のドライバーの生活を困窮させ、タクシー業界を危機に陥れただけです。

ゴールドマン・サックスやモルガン系の銀行アナリストは、２０２２年には利益を出しはじめる、と語っています。

「Ａｍａｚｏｎも黒字になるまで時間がかかった」

しかし、何度も言いますが、ウーバーは白タク配車アプリです。ＡＩではありません。ただのＩＴです。ＩＴを使って業界が伸びるようなところは２０００年代にすでに伸びています。

ご想像どおり、ウーバーの筆頭株主はビジョン・ファンドです。ウーバーへの出資は２０１８年1月の時点で77億ドル（８３００億円）、出資比率16・３％です。

もちろん、ウーバーも来《きた》る未来に備えて自動運転の実験を行っています。

残念なことですが、２０１８年3月、ウーバーはＡＩによる自動運転化実験中に車道を横断中の女性をはね、死亡させています。自動運転は、グーグルやアップル、トヨタなど技術も資金力も桁違いの会社が開発に取り組んでいます。

ウーバーがそれらの企業に先駆けて自動運転の確立にたどり着けるのでしょうか。自動運転はステージが0から5まであり、先行している企業でも3までです。

自動運転の実現はまだ数年は先となりそうですが、完全な自動運転の技術が確立されるまで、赤字企業のウーバーは持つのでしょうか。

ウーバーの前ＣＥＯのトラビス・カラニック氏は２０１９年5月の上場後、15億ドル＝

1630億円相当のウーバー株を売却しています。誰よりも内情を知っているはずの前CEOが「今後ウーバー株は下がる」と見ているのです。

創業者が株を手放したことで、市場でも株は売り出されるようになりました。

ウィー、オヨ、ウーバーの実態はAIとはまったくかけ離れています。各々の業界でこれからリーディングカンパニーとなれるのかも見通せません。そもそも黒字も出していないので、耐えきれずに倒産することもあるでしょう。

次々に失敗が続く

ビジョン・ファンドだけでなく、ソフトバンクが直接出資した企業も、問題含みです。

ソフトバンクグループ傘下のヤフーは、2019年11月、アパレル通販サイト最大手のZOZOを買収しました。ヤフーは創業者の前澤友作氏から2500億円で保有する株の8割を譲り受け、合計4000億円でZOZOの50・1％の株を手にして、子会社としました。

ヤフーはこの資金を、またもやみずほ銀行からの融資で賄っています。

ソフトバンクグループの総帥・孫氏の圧力によって、超優良子会社だったヤフーも巨額の有利子負債を背負うことになりました。

先のＬＩＮＥとあわせ、これらの企業はＺホールディングスに統合されることになり、発足したばかりのＺホールディングスには、１兆円以上の債務がのしかかることになりました。ソフトバンクは春にも、１兆円規模の社債を発行するそうです。

ソフトバンクグループは、いまやグループ全体で「借金まみれ」なのです。

これだけの資金を使って買収したわけですから、今後、これらの企業が順調に利益を上げてくれればいいのですが、買収したあとの会社は「人任せ」にし、尻を叩くだけという孫氏の経営スタイルが続くようだと、予断を許しません。


２０１９年10月、自動車リースアプリを手がけるアメリカのフェア・ドットコムは従業員の４割にあたる３００人もの人員削減を行うと発表しました。

実はこのフェア社は、わずか1年前の２０１８年12月、ソフトバンクグループが３億８５００万ドル＝４２８億円の出資を行った会社です。従業員の４割を解雇するという判断は、現在の事業モデルが成立していないことの証左です。

1年前、ソフトバンクは、ウーバーの運転手などの「ギグワーカー」(ネット経由で単発の仕事を受け請う労働者)が車をリースしやすくするためという名目で、この会社に出資しました。ウーバーの事業が一向に浮上しないのと軌を一にして、フェア社の事業も存亡の危機に瀕しています。

このままいけば、ソフトバンクが出資した428億円は、焦げ付いてしまうことになるでしょう。

まだあります。

2019年12月23日、カナダのリチウム鉱山開発会社「ネマスカリチウム」は「資金ショートした」として企業債権者調整法の適用を裁判所に申請すると発表しました。ここも、ソフトバンクグループが出資した会社です。

ソフトバンクグループは2018年4月、ネマスカリチウムに9910万カナダドル=約82億円を出資し、最大9・9%の株式を保有する大株主になりました。

孫氏は出資の発表時、「グループの戦略上、きわめて重要な一手」と述べていました。

当時、ソフトバンクは次のような広報リリースを発表しています。

〈ネマスカは、カナダ・ケベック州で世界有数のリチウム鉱山であるワブチでの開発事業およびシャウィニガンにリチウム精錬プロセス工場を建設予定であり、採鉱から選鉱、精錬による製品化工程を経た高純度の水酸化リチウムおよび炭酸リチウムの商業生産開始を、２０２０年後半に予定しています。

本取引は、情報通信事業におけるスマートフォンの継続的な需要増加や、今後見込まれる電気自動車（ＥＶ）時代のモビリティー革命到来に向けて、リチウム資源の開発を通じてバッテリー市場の成長に貢献することを目的としています。ワブチの可採掘埋蔵量は約33年、精錬プロセスを経て製造される年間リチウム生産量は３・３万トン以上と見込まれ、ソフトバンクグループがネマスカの発行済み株式を少なくとも５％以上保有する限り、ソフトバンクグループは毎年の年間生産量のうち、最大20％を長期間にわたり購入する権利を有することになるほか、ネマスカへ取締役1人を派遣する権利を有することになります〉（社名表記等をカタカナに改変）

孫氏は蓄電池市場の拡大を予想して、その根幹となるリチウムを押さえようと考えていたのかもしれませんが、２０１９年夏に中国での電気自動車（ＥＶ）の生産が急減したことで、リチウムの価格自体が急落してしまいました。

そのため2020年に予定されていた商業生産を前にしてネマスカ社の経営が傾き、ソフトバンクグループはせっかく手にした「年間生産量の最大20％を購入する権利」と、82億円の出資の両方を失おうとしています。

孫氏が自負するような「目利き」「投資の名人」なのか、疑いはますます濃くなってきます。

ソフトバンクの未来

2019年12月18日の日経新聞に、注目すべき人物のインタビュー記事が掲載されていました。

ペイパルやフェイスブックの創業期に資金を出したアメリカの伝説的なベンチャー・キャピタリスト、ピーター・ティール氏です。

彼の実績は見事なもので、いわば新興企業の目利きの中の目利きです。

そのティール氏が、日経新聞のインタビューに答えて、「人工知能（AI）は単なる流行語だ」「自動運転車は10年たっても実現していない。シリコンバレーのプロパガンダは間違えていたと思う」と言っているのです。同氏は別のインタビューで、孫氏の投資手法について「90年代のやり方を極端に単純にしたもので、ここ数年はちょっとアグレッシブ過ぎる。非常にリスキーな面もある」とまで言っています。

孫氏は、人工知能＝ＡＩが次世代の産業界を支配すると言い、ＡＩ企業に出資を続け、アームを３・３兆円で買収しました。また、まもなく自動運転の時代が来るとして、ウーバーやその関連企業に桁外れの投資をしてきました。

その肝心のアームやウーバーがいまのところ、出資に見合うような利益を上げていないことも問題ですが、ティール氏が示唆しているのは、もっと恐ろしい事実です。

カリスマ投資家ピーター・ティール氏

つまり、「人工知能」も、「自動運転」も、新聞紙面を飾っているような未来の「夢の技術」は、株価を吊り上げるための、実体のない「流行語」「誤ったプロパガンダ」に過ぎないと言うのです。

いま、世界でもっとも声高にこの「流行語」を唱え、株を買いあさっているのは――孫氏その人です。

ビジョン・ファンドの資金繰り自体も、危ぶまれています。

ビジョン・ファンドへの出資には、400億ドルの「優先出資」と、586億ドルの「普通出資」があります。

前述したように、この優先出資は7％の定率分配とされており、ムハンマド皇太子が出資した450億ドルは、この定率分配と、成果型の「ハイブリッド」とされています。つまり出資したうちのかなりの部分は7％の利回りを保証されている、ということです。仮に優先出資が200億ドルとしても、1年に1500億円もの「利回り確定保証」です。超低金利時代のいま、世界中どこを探してもこれほどおいしい投資はありません。

結局のところ、孫氏にとってムハンマド皇太子とサウジアラビアの出資は、「見せ金」だったのでしょう。世界有数の富豪であるムハンマド皇太子が出資するのだから、世界でもっとも素晴らしいファンドであるに違いないと信じ込ませるためです。もちろんそれだけのカネを出させる以上、自らの資金も出さざるを得ません。ソフトバンクグループは3兆円を出資し、それによってグループの有利子負債は18兆円を超えました。孫氏が、「世界一の借金王」と言われる所以《ゆえん》です。

この18兆円は、前述のみずほ銀行からの借り入れに加え、1～3％という破格の利率を

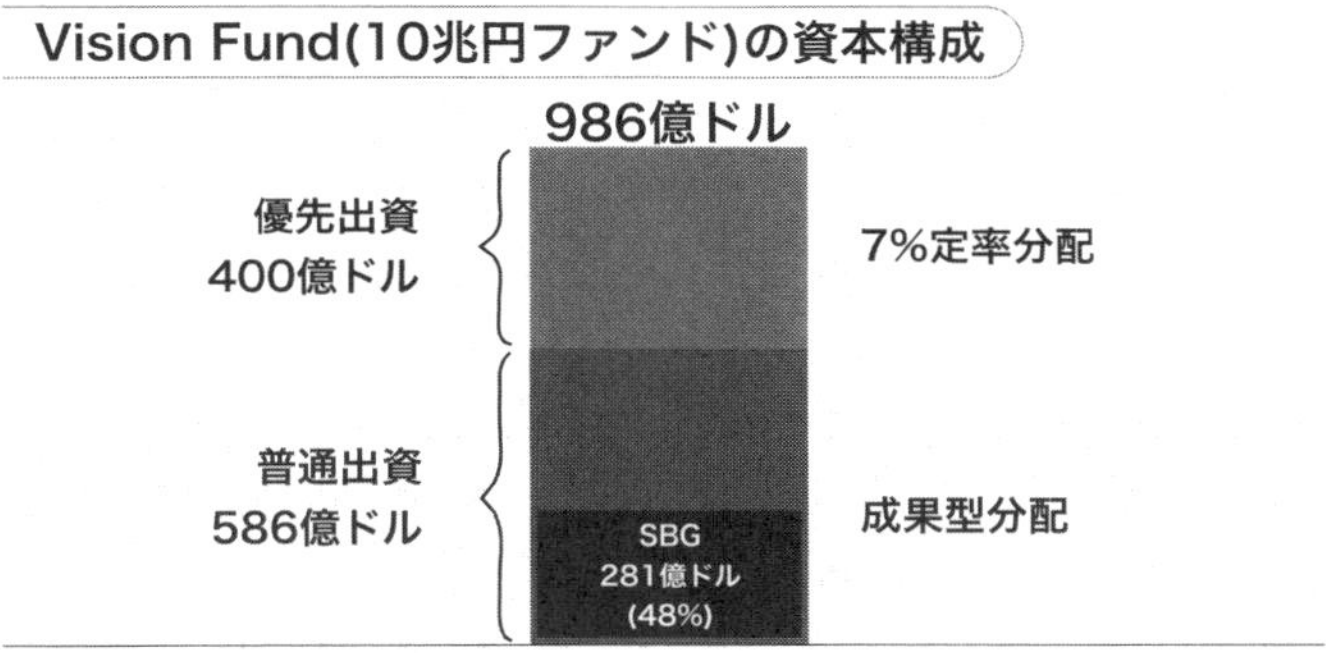

7％の固定利回りを説明した図版（'19年3月期決算資料より）

つけて売りまくった社債によって、構成されています。ムハンマド皇太子に約束した7％よりは低いですが、それでも十分に高い金利です。つまり、孫氏は今後、毎年数千億の利息を返済しつづけなければいけないのです。

ビジョン・ファンドは初年度、45％ものリターンをあげたとしています。しかし、このリターンは、会計上の利益で、実際にビジョン・ファンドに大きな収入があったわけではありません。

ビジョン・ファンドの投資先はこれまで見てきたようにほとんどが未上場で、その株価は確定しておらず、「仮に上場すればこのくらいの株価が見込まれる」という評価益に過ぎません。それがいかにいい加減なものか、5兆円の評価が一挙に9000億円以下になったウィーの例をあげれば十分でしょう。

ビジョン・ファンドの先行きが危ないというもっとも大きな証左は、当のムハンマド皇太子です。孫氏はビジョン・ファンドに続く第2号ファンド＝デルタ・ファンドを速やかに立ち上げると公言していましたが、その発言から1年半が経った2020年2月の決算発表で、孫社長は「今回はいったん規模を縮小してやろうと思っています」と説明しました。内外に広く声をかけたにもかかわらず、期待外れの額しか集まらなかったようです。

2019年11月、ブルームバーグが次のように報じています。

〈ソフトバンクグループはビジョン・ファンド2号の初回クロージングを静かに完了した。応募額は目標としていた1080億ドル（約11兆7500億円）に遠く及ばなかった。

事情を知る関係者2人によると、初回クロージングの応募額は約20億ドル。ソフトバンクグループはクロージング後も引き続き投資コミットメントを募るという〉

なんと、わずか2000億円程度の資金しか集まらなかったというのです。その後の報道では、ソフトバンク自身が数兆円を出資してファンドの体裁を整える方向のようですが、孫社長が言うように「規模の縮小」は免れません。

そして、肝心のムハンマド皇太子が、2号ファンドへの出資を断ったという情報があります。

もしビジョン・ファンドが大きな成功を収めたと認識していれば、石油に代わる収入源を必死になって模索している皇太子が出資を断ることは絶対になかったでしょう。

謀殺事件とノコギリ王子

前回の1号ファンドで半分近くを出資したムハンマド皇太子が、2号ファンドへの出資を見送ったことは衝撃をもたらしました。

２０１８年10月、さらに世界中を震撼させる事件が起こります。ワシントン・ポスト紙コラムニストを務めるジャマル・カショギ氏が殺害されたのです。

殺害されたジャマル・カショギ氏

その事件にムハンマド皇太子が深く関与していた証拠が次々と出ています。カショギ氏は、独裁色を強めるムハンマド皇太子に批判的な記事を執筆していました。ムハンマド皇太子が苦々しく感じていたのは想像に難《かた》くありません。

交際相手との結婚を予定していたカショギ氏は書類取得のためトルコ・イスタンブールのサウジアラビア領事館に入ってまもなく拘束され、15人のサウジアラビアの暗殺部隊により拷問されたあげく、殺害されたと伝えられています。

トルコ当局は、音声と映像の記録からカショギ氏の身体を切断するためにノコギリを使ったことがわかると主張しています。また、報道によると、カショギ氏殺害に関与した人々のうち4人が、ムハンマド皇太子の護衛隊と繋がっているとされています。アメリカの中央情報局＝ＣＩＡも情報を入手し、カショギ氏殺害にムハンマド皇太子が関与していると断定したそうです。

そこからムハンマド皇太子は、「ノコギリ王子」と呼ばれるようになりました。

サウジアラビアは最強のエネルギーである石油に恵まれた絶対君主国家ですが、サルマン国王は老い、34歳のムハンマド皇太子が若くして国の舵取りをしています。近い将来国王の座に就くのが確実視されており、実質的な最高権力者の地位を固めています。

「ノコギリ王子」は世界中の批判を浴び、２０１８年10月にサウジアラビアで開かれた国際会議「未来投資イニシアチブ」は、欠席する経済人が相次ぎました。

このときサウジに向かった数少ない一人が……もうお気づきでしょう、ソフトバンクグループの孫正義社長です（本人は「サウジアラビアには行ったが会議には参加していない」と発言）。

ムハンマド皇太子は、「ビジョン2030」と称する経済改革路線を掲げ、石油に頼り切った経済から脱却し、産業の多角化を図り、雇用の場を確保すると提唱しています。

そのために国営石油会社サウジアラムコの上場を目指し、それによって数十兆円の巨額の資金確保を狙っていました。そこで得た資金の一部をソフトバンクのビジョン・ファンドやデルタ・ファンドに投資してさらに資金を膨らませようと目論んだのです。

しかし、「ノコギリ」事件でムハンマド皇太子に国際社会の疑念が向けられるようになると、国内の証券取引所のみでの先行上場に切り替え、2019年12月11日、上場を果たしました。サウジのジャダーン財務相はこのとき、「アラムコ上場はサウジの石油依存からの脱却と経済の多角化を後押しする」「外資の融資にも役立つ」と話していました。

上場によってムハンマド皇太子率いるサウジアラビア政府が手にしたのは256億ドル（約2兆8000億円）。

初値は35・2リヤル（9・39ドル）と公開価格の32リヤルから10％上昇し、ストップ高で初日の取引を終えました。しかし、肝心の海外市場で株式公開ができなかったことで、ムハンマド皇太子が狙っていた超巨額の資金調達は頓挫し、その玉突きで、ソフトバンクへの出資も滞っています。

結果、2号ファンドには、ソフトバンク自らが380億ドル投資すると表明したほか、三菱UFJ銀行、みずほ銀行、三井住友銀行、大和証券、第一生命保険などが出資に合意したとされています。しかし、それぞれの出資額は数十億円規模のようで、ムハンマド皇太子の5兆円とは比べようもないくらいの少額です。

ソフトバンクは新しいファンドを売り込むために、アメリカのキャンター・フィッツジェラルド証券、ゴールドマン・サックス、イギリスの投資会社セントリカスの外部3社と協力しています。

2017年からキャンター・フィッツジェラルド証券のプレジデントを務めるアンシュー・ジェイン氏は、ドイツ銀行で最高経営責任者（CEO）を務めていた人物です。

第3章で述べるように、ドイツ銀行は天文学的なデリバティブを抱え込み、その先行きが危ぶまれています。さらに、ドイツの検察当局が不正な税還付疑惑について捜査を進めており、ドイツ銀行の最高幹部だったジェイン氏自身も捜査対象になっていると報じられています。

マリファナ、ノコギリ、脱税……とにかく、孫氏とビジョン・ファンドのいくところ、きな臭い人ばかりが参集しているのです。これは偶然でしょうか？　私にはどうもそうは思えません。

サウジアラビアは隣国のイランと激しく対立し、2019年9月には、サウジアラムコの製油施設がドローンの攻撃にさらされ、一時、生産停止に追い込まれました。

イエメンのフーシ派反政府勢力が犯行声明を出していますが、サウジ側はイランの攻撃だと確信しています。これをきっかけに中東情勢は一挙に緊迫し、アメリカ軍によるイラン革命防衛隊のソレイマニ司令官爆殺、米軍基地へのイランのミサイル攻撃と突き進みました。

この情勢で、サウジアラムコの海外上場は困難視されていますし、まして2号ファンドへの出資はきわめて困難でしょう。孫社長は、巨大な「金主《きんしゅ》」を失った形です。

悪夢のシナリオ

ソフトバンクグループ全体に目を転じれば、日本国内で携帯電話事業を手がける子会社・ソフトバンクは営業利益が8000億円を超え、日本最大の企業であるトヨタ自動車に肩を並べる水準になっています。

このソフトバンクの生み出す利益が、ビジョン・ファンドのいわば「後ろ支え」になっているのですが、この携帯事業の利益は、先細りすることが確実です。

少子高齢化によって今後、日本の人口は確実に減っていくうえ、政府の度重なる行政指導によって携帯電話の利用料金は引き下げられ、利益が削られていきます。2020年に導入が予定されている5Gなどの新技術によって新たな収入源を探っていますが、iPhoneに代わるスマートフォンや、モバイルデバイスの革命的な進化が起こらない限り、携帯電話事業の先行きは右肩下がりでしょう。

ソフトバンクグループにとって「悪夢のシナリオ」は、明白です。

それは、ビジョン・ファンドやソフトバンクグループの出資先企業でいまのような変調がつづき、ムハンマド皇太子をはじめとする出資者が一斉に資金を引き揚げてしまうことです。

その際、ファンドが保有する株は大半が未上場ですので市場で売ることができません。出資者に返済するため、ソフトバンクは新たに巨額の借り入れをするか、保有する虎の子のアリババ株を売却するほかありません。

ソフトバンクグループが保有するアリババ株の現在の時価は11兆円ですが、これほど大量の株を市場で売却しようとすれば、たちまち値崩れしてしまいます。おそらくアリババ株を担保に差し入れ、巨額の借り入れをするほかないでしょう。

そうなればソフトバンクグループは、借り入れと利息の返済に追われる「火の車」の状態になります。

そのときに、携帯電話会社のソフトバンクや、ＬＩＮＥと経営統合したヤフーが利益を出していてくれればいいのですが、いまの水準を今後も維持できるかどうかは、まったく予断を許しません。

いわば、投資会社として巨大に膨れ上がったソフトバンクグループは、巨額の投資資金が逆回転することによって、危機に陥る可能性があるのです。

ソフトバンクをめぐって、ほかにも気になる動きがあります。２０２０年2月、ビジョン・ファンドでマネージング・パートナーを務めていたマイケル・ローネン氏が退社するというのです。同氏は、２０１７年にゴールドマン・サックスからヘッドハントされてソフトバンクに移っていましたが、最近ではビジョン・ファンドの先行きに懸念を示していたと言います。

ほかにも、25年にわたって孫社長のアドバイザーを務めた人物を含め数名のアメリカ人幹部の退社が取り沙汰されています。

会社の内情をもっともよく知る人物が続々、ソフトバンクを離れようとしているのです。「嫌な予感」がするのは私だけでしょうか。

「投機」の結末

「はじめに」で述べたように、間もなく大きな金融危機が訪れる可能性がきわめて高いと、私は見ています。新型コロナウイルスの世界的な感染拡大で、2020年2月末には日米の株価が大幅に下落しました。これがいずれ来る金融危機の前触れとなるのかどうかまだわかりませんが、なんらかのきっかけでいずれ必ず危機はやってきます。

その際、ソフトバンクの18兆円もの有利子負債は、巨大なリスクとなってのしかかります。借り入れ金や社債はそれぞれ期限がありますから、その都度借り換えを繰り返していく必要があります。いまのような超低金利、カネ余りがこれからもずっと続けばいいのですが、金融危機によって出資先の価値が急激に目減りし、そこに借り入れ金利の急上昇が重なれば、資金繰りは一気に緊迫します。

孫氏はかつて、「借金は成長の証」として、「買収した企業の時価総額は全部で33兆円で、いざとなれば売却し、お釣りが来る」と強弁していました。

さらに、スプリントやアーム、ソフトバンクなどの連結対象子会社が抱える有利子負債は、親会社のソフトバンクグループとは切り離して考えるべきだと主張し、保有する現預金もあわせて考えれば実質的な有利子負債は4兆5000億円に過ぎないとしています。

しかし、仮にスプリントやアームなどの連結子会社が危機に陥ったとき、親会社としてそれを放置していっさい救済しないなどということはあり得ません。やはり有利子負債はグループ全体で考えるべきものでしょう。

このように、ソフトバンクグループの決算発表には、「苦しい理屈」が多いのです。なぜこんなに、無理をしなければいけないのでしょうか。

2000年当時、「ドットコムバブル」が起こり、社名に「ドットコム」と付けるだけで時価総額が何十倍にも膨れ上がるような時代がありました。

堀江貴文氏率いるライブドアは、当初はHP制作や企業向けのシステム構築などを手がける小さな事業会社でしたが、金融機関と組んで会社を買収したり、新たな事業を立ち上げたことに加え、堀江氏の話術と人間力で「ライブドアはまだまだ伸びていく」と期待させ、株価を吊り上げていきました。

ライブドアはいわば、投資会社へと形を変えたのです。

その最後の大勝負が、２００５年のニッポン放送株買収でした。時間外取引という奇手を使い、ニッポン放送株の３割を一挙に押さえることで、その子会社であるフジテレビの経営権を握る寸前までいきました。

その後の堀江氏の言動を見ても、フジテレビを実際に経営する気はなく、マネーゲームの道具であったことは明らかです。最終的にＳＢＩの北尾吉孝社長が仲介し、フジテレビがライブドアの増資を引き受ける形で４４０億円もの資金を出し、ライブドアがニッポン放送株を手放す形で決着しました。

堀江氏は見事な成功を収めたと言っていいでしょう。

しかし、このような「投機」によって巨額の利益を得る会社を、社会は許しません。堀江氏は証券取引法違反容疑（偽計、風説の流布／有価証券報告書虚偽記載）によって逮捕・立件され、ライブドア自体も崩壊しました。

2018年６月、ウィスコンシン州で工場起工式に出席したトランプ大統領と孫氏

日本を代表する巨大企業に成長したソフトバンクを、ライブドアになぞらえるのは不適当かもしれませんが、ソフトバンクグループが２０１８年に携帯電話子会社・ソフトバンクの上場に伴ってグループ子会社間で複雑な経理操作を行い、１兆４０００億円にものぼる欠損金を計上し、うち１兆円が認められたことで、法人税をほぼ丸ごと節税した一件は、国税当局の心証をかなり害したであろうことは想像に難くありません。

２０２０年以降は税制が変わり、ソフトバンクグループが行ったような経理操作は認められなくなる見込みです。税制改定前のこととはいえ、税務当局が訴訟に訴える可能性はまだ残っています。

大企業が、どれほど巨額の利益をあげても、国を相手にケンカをしたら勝ち目はありません。孫氏はＬＩＮＥとの経営統合を進めるため韓国の政財界要人と直接交渉をし、アメリカのトランプ大統領ともサシで話ができるような国際的な経営者ですが、やや自信過剰になっているように、私の目には映ります。

ドナルド・トランプ大統領が当選して間もない２０１６年12月、孫氏はニューヨークのトランプタワーに駆けつけました。「どのようなルートでも孫さんにはあるのだ」と外務省を驚嘆させたほどです。５００億ドルの投資とアメリカでの雇用創出をトランプ氏に約束し、「ソフトバンクの投資を歓迎する」「ビジネス業界でもっとも素晴らしい男の一人だ」との発言も引き出しました。

トランプ氏と孫氏は、どちらも話が大きくて自己アピールが大好きという共通点があり、ウマが合うのかもしれませんが、結局利害が一致しなければすぐに手を切るでしょう。

今後、もしビジョン・ファンドが危機に陥れば、孫氏はアメリカに飛び、トランプ氏に直談判して「サウジアラビアのムハンマド皇太子に出資を継続するよう説得してくれ」と求めるでしょうが、トランプ大統領がなんの見返りもなく孫氏の言うことを聞いてくれるでしょうか。

私にはそうは思えません。

ましてその時点で、孫氏とソフトバンクの資金難が明らかになっていれば、もう利用価値はないと見られるでしょう。

「はじめに」で申し上げたように、超巨大な金融危機が早ければ２０２０年中にも起こると、私は考えています。

そうなると、もっとも甚大な影響を受けるのがソフトバンクの孫氏であることは間違いありません。しかし、危機の大波をかぶるのは当然孫氏だけではありません。投機に狂奔している多くの金融機関、企業が、壊滅的な打撃を受けることになるでしょう。

以下の章で、それらについて見ていきたいと思います。

第2章　農林中金はなぜ危ないか——仕組債ＣＬＯの罠

リーマン・ショックの悪夢再び

いま、金融の世界でもっともリスクの高い金融商品をご存知でしょうか。

それは、第1章でも登場したCLO（Collateralized Loan Obligation：コラタラライズド・ローン・オブリゲーション＝ローン担保証券）という商品です。

簡単にいうと、金融機関が、あまり信用力のない企業に対して貸し出している債権（ローン）を証券化したものです。

証券化というと、金融に詳しい方は、2008年のリーマン・ショックを連想されるかもしれません。あのときは、返済能力の低い融資先（サブプライム）に対する貸し出しを複雑な金融工学に基づいて「証券化」し、一見問題のなさそうな金融商品に仕立て上げて、世界中にばら撒かれていたものが破裂しました。

それがリーマン・ブラザーズという世界的金融機関を倒産させ、世界中の実体経済を脅かす衝撃をもたらしたのですが、証券化の手法を使った金融商品がその後、なくなったわけではありません。リーマン以前のような複雑怪奇な金融商品はさすがに姿を消しましたが、通常の借り入れが難しい高リスク企業に対する貸付債権を担保とし、それを証券化した金融商品＝ＣＬＯはいまだに世界中で売られています。

ＣＬＯとは、「レバレッジドローン」をもとにした「ハイイールド債」です。レバレッジドローンとは、ＬＢＯ（レバレッジド・バイ・アウト）という買収手法に用いられていたローン手法で、端的にいって信用が低い企業向けのローンのことです。ハイイールド債は、金利が高い債券のことです。

まとめると、ＣＬＯとは、高リスク企業に対する貸し出しをもとにした、金利の高い（つまり、危険度の高い）金融債券のことです。

当然ながら、あまりにリスクの高い債券はすなわち事実上の「ジャンク債」です。ＣＬＯとはレバレッジドローンかつハイイールド債でもあり、まさにジャンク債です。

金融界では、「リーマン・ショック以降のＣＬＯはリスクがきちんと管理されており、トリプルＡなど高格付けのＣＬＯがある日突然暴落するようなことは起きない」と説明されています。

しかし、このＣＬＯの世界で、ある傾向が年を追うごとに強まっていることをご存知でしょうか。

それが、コベナンツ・ライト・ローンの激増です。

耳慣れない言葉ですが、コベナンツとは、貸し付けの際の特約のことで、事前に設定した条件を守れなかった場合、貸付金は回収されることになっています。要するに、厳しい条件を付した貸し付けです。

これに対し「コベナンツ・ライト」は貸し付け時の条件が緩く、借り手が追加で債務を増やすことのみを制限している貸付金です。レバレッジドローンの新規の貸し出しに占めるコベナンツ・ライト・ローンの比率は、２０１０年には４％程度でしたが、最近では80％以上に急激に増加しています。

こうした緩い条件の貸付金（ローン）が証券化され、新たなＣＬＯとして世界中で売られているわけです。リスクの高いローンをもとにした金融商品ですから、当然利率は高く、何ごともなければ投資家は高いリターンを得られます。

どこかで聞いた話だと思いませんか？

そう、少しでも高い金利を求めて複雑なＣＬＯ、ＣＤＯ（債務担保証券）を買いあさった世界中の投資家が一夜にして大損害を被ったリーマン・ショックと、そっくりの構図に

東京・有楽町の農林中金本店

なっているのです。

世界はまた、同じ過ちを繰り返そうとしています。

日本最大のヘッジファンド＝農林中金

この、世界でいちばん危険な金融商品を、世界でもっとも大量に保有しているのが実は日本の金融機関なのです。なかでも農林中央金庫（農林中金）の保有量はあまりに巨額です。

農林中金とは、ＪＡバンクの預金を運用している金融機関です。ＪＡバンクの主たる預金主は農家等を中心とした一次産業の人たちです。

１９２３年＝大正12年に産業組合中央金庫

バランスシートの状況

■ 国内外での企業融資等の伸長により貸出金は増加す

【連結】　（単位：億円）

		2019年3月末	2019年9月末	増減
1	貸出金	186,130	191,932	5,802
2	有価証券	556,587	554,248	▲ 2,338
3	金銭の信託	86,673	69,979	▲ 16,694
4	現金預け金	189,416	216,595	27,178
5	その他	40,731	51,225	10,493
6	資産の部合計	1,059,539	1,083,982	24,442
7	預金等(注)	678,451	682,821	4,369
8	農林債	12,542	10,077	▲ 2,464
9	売現先勘定	151,112	156,173	5,060
10	その他	142,699	157,202	14,502
11	負債の部合計	984,806	1,006,275	21,468
12	純資産の部合計	74,732	77,707	2,974

注：預金等は会計上の預金および受託金（会員からの短期資金受入が大半）

【単体】

		2019年3月末	2019年9月末	増減
13	資産の部合計	1,041,768	1,064,797	23,029
14	負債の部合計	967,949	987,962	20,013
15	純資産の部合計	73,818	76,834	3,015
16	その他有価証券評価損益	20,699	27,915	7,215

「農林中金決算概要説明資料」（部分）

として設立された農林中央金庫は、産業組合中央金庫法（その後「農林中央金庫法」）に基づいて運営され、まもなく創立から１００年を迎える金融機関です。

戦前・戦後から高度経済成長期に至るまで、農林水産業に携わる生産者には資金不足の状態が続いていたため、その解消を目指すというのが設立の趣旨でした。

全国各地の農林水産業者の協同組織＝農協（ＪＡ）、漁協（ＪＦ）、森林組合（ＪＦｏｒ

est）等の中央機関として、生産者に融資する際の原資の供給や、大口の資金需要にも対応します。

高度経済成長によって預金量が急増した1970年代以降、農林水産関連企業への投融資や、国内短期資金市場への資金供給、日本国債への投資を行い、1990年代後半以降、低金利時代に入ると、高い金利を求めて海外の金融商品へも本格的に投資するようになりました。

その資産規模は巨大です。

2019年度9月期時点では、保有する有価証券55兆4248億円、現金預け金21兆6595億円、貸出金19兆1932億円、資産総額は108兆3982億円という、莫大な額です（数字はいずれも連結）。

これだけの資産を運用し、投資した有価証券の評価額が、たった1年で7200億円も膨らんだことを決算書で自賛しています。いま、農林中金は「日本最大のヘッジファンド」と言われているのです。

炎天下、草むしりをしたり種まきをしている農家の人たちの貯金を集めて、その資産を転がし、カネ儲けをしているわけです。

コメや野菜をつくることで手にする収入は微々たるものです。広い農地を持っていても、年に1000万円の収入を得るのはかなり大変でしょう。ところが、農林中金は、クーラーの効いた東京のオフィスで年に7200億円（！）ものカネ儲けをしているのです。

では、どうやってその資産を増やしているのかというと、なんと金融商品への投資です。それもサブプライムローンのようなハイリスクの金融商品です。

農林中金はいま、ウォール街の営業マンの間では「ゴミ箱」と呼ばれているそうです。なぜなら、「危ない金融商品を持っていくとなんでも買ってくれる」からだというのです。情けない限りです。

この農林中金には「前科」があります。リーマン・ショックで、実に1兆5000億円もの損失を発生させたのです。これは国内ではぶっちぎりでトップの損失額です。3メガバンクよりはるかに上です。

農林中金はこの過去の忌まわしい経験をまったく反省することなく、いまも元本不保証の金融商品を大量に所有しているのです。

同じ過ちを繰り返している

２００８年のリーマン・ショックを引き起こした原因について、振り返ってみましょう。その震源地は「サブプライムローン」の破綻でした。

サブプライムローンとは「サブ（準ずる）」＋「プライム（優良客）」。つまり、「信用が十分でない人」へのローンです。

信用がないとは要するに、返済能力が十分ではない人のことです。たとえば年収３００万円の人に８０００万円の住宅ローンを組ませたら、順調に完済できると思いますか。返済できずに途中で「焦げ付く」可能性が高いことは明らかです。

通常、融資は年収や担保に応じて貸し付けの金額を決めます。しかし、将来の不動産価格上昇をあてこんで、本来の返済能力を十分顧みずに貸し付けてしまったのが、サブプライムローンなのです。

サブプライムローンを組んだ顧客は、当然そのままでは返済できません。しかし、不動産価格が右肩上がりだったこともあり、将来家を売れば売却益が出るため、焦げ付くリスクは低いとしてきました。そして、その債権が金融機関に転売されていきました。

しかも、それはいくつかの債権とまとめてCDOなどの金融商品に組成して販売されていました。そして、その商品に対して、「AA」「A」「BB」「B」「C」などの格付けが付されています。低所得者によるローンの債権が別の形に生まれ変わって金融商品として売られていたのです。それも、優良な格付けがつけられて。しかし、その中に「ゴミ同然」の爆弾が紛れこんでいたのです。

ですから、この金融商品が爆発するのは時間の問題でした。

それが各地で焦げ付き、債券を持っている人の資産が一気に失われたのがリーマン・ショックです。被害は乗数的に拡大していきました。それがハイリスクな金融商品の実態です。

CDOやCLOなどわけのわからない「3文字略語」はものすごく危ない金融商品なのです。

リーマン・ショックのときに、証券化されたサブプライムローンを日本の金融機関でいちばん多く保有していたのが農林中金なのです。

その農林中金が懲りることなく同じ過ちを犯しています。それがCLOです。

ＣＬＯは「シャドーバンキング」とカテゴライズされる商品です。シャドーバンキングとは、一般の銀行システムの外側にある金融取引の総称で、ＣＬＯのような証券化商品、投資信託、ノンバンクによる貸し出しなどを指します。

つまり、銀行が融資できないようなものだから、シャドーバンキング（影の銀行）と呼ばれるのです。融資に足る信用のない企業に融資して、その融資を証券化して売っているのです。これはサブプライムローンの企業版ともいえるものです。返済能力の低い「焦げ付くリスクの高い」ローンを証券化した金融商品がＣＬＯなのです。

農林中金のＣＬＯ保有額はなんと7兆９０００億円（２０１９年9月期）で、これは世界でも圧倒的にトップです。

この事態を重く見た金融庁は２０１９年1月に調査に入っています。

ＣＬＯは銀行システムの外にありますから、当然銀行法適用外で、きわめてハイリスクです。金融資本主義の権化《ごんげ》であるゴールドマン・サックスなどによって作られた商品です。

私はＣＬＯという金融商品自体、非常に危険なものと考えています。

その理由は、先述のように長引くゼロ金利で投資先を失い、ＡＡＡという高い格付けに幻惑されて、「少しでも高い利回りを」と、外資系金融の営業トークに乗せられてしまっているからです。

自民党、経団連、霞が関も、この構図を理解していながら放置して、危険を増幅しています。

農林中金の抱える爆弾

CLOが焦げ付くのは時間の問題です。なぜかというと、CLOを発行している企業は、銀行が普通に融資できない、信用力に問題のある会社だからです。

CLOという危険な金融商品がこれだけ出回ったことで、リーマン・ショックにつづく次なる金融危機が迫っています。

そのときの金融危機は少なく見積もってリーマン・ショックの10倍以上です。最悪100倍近くになるかもしれません。それも、早ければ2020年中にも起こるでしょう。もう待ったなしです。そのCLOを大量に保有している農林中金は日本でもっともハイリスクな状況にあるといえます。

いま問題になっているのは金融機関の資産のうち、有価証券であり、有価証券の中では

「その他証券」と分類されるものです。「その他証券」とはＣＬＯに代表されるような元本不保証の超ハイリスクの商品が中心です。

農林中金が保有している有価証券は55兆４０００億円ですが、そのうち「その他証券」がなんと43兆１０００億円を占めるのです。

その上、農林中金は純資産がわずかに７兆７０００億円しかありません。超ハイリスク商品であるＣＬＯを含む「その他証券」はその価値が半額以下にまで暴落する可能性があります。その場合、農林中金の保有する有価証券の損失はざっと20兆円を超えます。しかし、純資産がわずか７兆７０００億円しかないので債務超過は避けられない状況に陥ってしまいます。

半額ならまだいいほうで、リーマン・ショック級の場合だと３分の１くらいになってしまいます。

ＣＬＯを発行する企業の代表例がＷｅＷｏｒｋ（以下、ウィー）です。

第１章で詳述しましたが、多くの問題を抱えた企業です。普通の銀行はとてもじゃないけどおカネを貸せないような企業だったわけです。そのため、ウィーに対する貸し付けは当然焦げ付きました。しかし、ウィーが企業として成長しようがしまいが、国際金融資本である外資系投資銀行からしたらどうでもいい話です。ウィーの社債を発行してそれをCLOとして各金融機関などの投資家に売ってしまえば手数料が入ってくるからです。

そもそも国際金融資本家たちは、このウィーが信用に足る企業かどうかということはどうでもいいのです。債権をおいしい金融商品に見せかけて、売りさばくことさえできれば利益になるからです。とにかく売ってしまえば稼げる、というわけです。

このウィーのようなレバレッジドローンを200本とか束ねて証券化したのがCLOです。直接の融資でなく、債務（貸し出し）をもとに証券化した金融証券であるため、金融機関は安心して大量に保有してきました。

もとは債務ですが、証券に形を変えているため、転売することが可能です。相場環境が変化したら、いつでも売ることができるから、大量に保有していても問題ない、と考えているのでしょう。

しかし、決して忘れてはいけないことですが、根本的にはジャンク債に過ぎません。しかもいつか爆発する危険性がものすごく高いのです。

ここにカラクリがあります。

ウィーのようにまだまったく利益を出していないどころか赤字を垂れ流している企業に対する貸し出しにはどんな金融機関でも躊躇するはずですが、「証券化」することによって安全な金融商品になったように勘違いしてしまうのです。

このような状況に立ち至ってしまったのは、投資銀行が後先考えずに、信用がない企業の借金をもとにした金融商品であるCLOを発行してきたからです。CLOの80%はコベナンツ・ライト・ローンであり、融資条件がほぼないといっても過言ではありません。これを私は「どんな企業にもローンしちゃう事件」と呼んでいます。お金が足りなくなったらまた新しいCLOを立てる。借金して借金を返していくという状況に陥っている会社が世界中で増えています。実はリーマン・ショックのときも同じような状況が起きていたのです。

爆弾パスゲーム

国際決済銀行が出した「The rise of zombie firms」（ゾンビ企業が急増大）というレポートがあります。これによると、世界の上場企業の約12%がゾンビ企業であるとのことです。

ゾンビ企業とは自社の利益で金利を払うことができない企業を指しています。つまり、金融市場では信用のない企業ということができます。利益だけで金利すら払えないということは、放っておけば赤字が積み上がっていく会社ということです。それでも存続しているから「ゾンビ企業」というわけです。

そういうゾンビ企業にCLOで資金が供給されている可能性が非常に高いのです。CLOはゾンビ企業の延命に一役買っているというわけです。つまり借金で借金を返していくことになりますが、そのスキームはそろそろ限界を迎えています。

海外の投資家の間ではすでに「これはヤバい」という認識が広がっています。それで、「買い手のつかないCLOを日本に売りつければいい」ということで、爆発寸前のCLOが大量に日本に押し寄せてきたというわけです。

2019年7月9日のブルームバーグの報道によりますと、農林中金は欧米で18年10〜12月に最高格付けのCLOを、最大で発行されたうちの半分も購入していました。つまり、世界一危険な金融商品をぶっちぎりで大量に買っていたということです。

ブルームバーグの記事を引用します。

〈米ＣＬＯ市場に農林中金戻る―当局の監視強化でいったん投資縮小後

米国のローン担保証券（ＣＬＯ）市場は今年初めに最大の買い手にほぼ別れを告げたが、ここにきて日本の農林中央金庫が戻ってきた。

事情に詳しい複数の関係者によると、農林中金は４月に市場の監視が強まった中で劇的に縮小していたＣＬＯの購入を再び始めた。レバレッジドローンをまとめて証券化したＣＬＯのマネジャーは農林中金が不在の中、ほかに買い意欲のある投資家を見いだしたと関係者は匿名を条件に話した。

ブルームバーグの試算によると、農林中金はつい最近まで、６０００億ドル（約65兆円）規模のＣＬＯ市場で圧倒的なプレゼンスを持ち、欧米では昨年10－12月（第４四半期）に最高格付けのＣＬＯの最大半分を購入していた〉

２０１９年９月末の日本の金融機関のアメリカＣＬＯ保有残高を見ていきましょう。三菱ＵＦＪグループの残高は２兆５０００億円です。また、ゆうちょ銀行は1兆５０００億円を保有しています。これに対して農林中金は7兆9000億円も保有しています。三菱UFJを除けば、農林中金、ゆうちょ銀行など政府に近い金融機関ほど危ない金融商品を買わされていることが見て取れます。アメリカ政府からの圧力で、日本がハイリスク商品のゴミ箱になりつつあるということです。

資本主義は爆発することがわかっていながら金融商品をパスしていく、いわば「爆弾パスゲーム」です。

いま、爆発しそうだとわかったところで日本に爆弾がパスされてきているのです。

そうした中、さすがに過熱気味と感じたのか、金融庁は2019年1月にメガバンクや農林中金などに対して一斉調査に踏み切りました。その後、農林中金は7月ごろまでCLOへの新規投資は控えていたことがわかっています。これはもはや新たに買い増すこともできないほど買い進めていたということでしょう。

当の農林中金は、決算説明資料でCLO投資について、「投資対象をAAA格に限定」、「農林中金独自の厳格なストレステストを実施」、「運用能力、投資スタンスを確認したうえでの運用マネージャーの選定」などとアピールしています。実際の投資後のモニタリングとして、「マネージャーとの綿密なコミュニケーション」や「投資ガイドラインの遵守状況、運用方針、裏付け資産などの確認」などを挙げていますが、私に言わせれば、「ＡＡ格付けさえあれば、あとは運用マネージャー任せ」と告白しているようなものです。

そして、その「運用マネージャー」なるものは、外資のプロ中のプロですから、農林中金の担当者を言いくるめることなど造作もないでしょう。

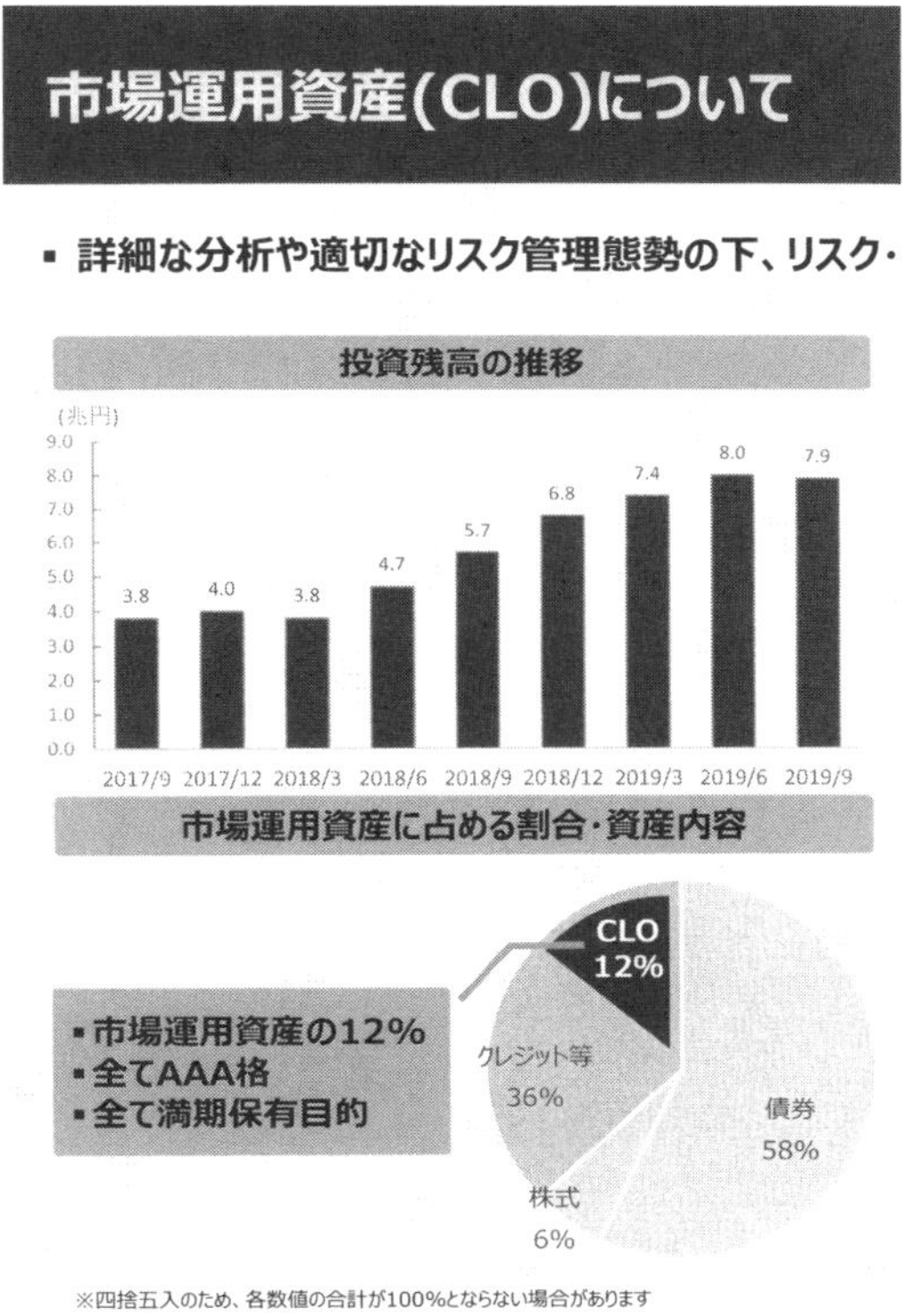

農林中金決算概要説明資料（部分）

もちろん、金融危機が起きて巨額の損失が発生したら、「まさか、こんなことが起きるなんて思いもよらなかった。１０００年に一度の大災害が起きた」と言い抜けるに違いありません。いくら「綿密なコミュニケーション」をとっていても、結果は同じです。

地銀の「不都合な真実」

いま、地銀が危険なことになっています。最悪の場合、あと5年で地銀の半分くらいが潰れることでしょう。

2016年に金融庁は9年後の2025年3月期に全国の地方銀行の約6割が赤字に転落するという試算を取りまとめています。

しかし、私が全国の地方銀行の財務状況を調べた限りではもっと危険な水準にあります。

まず、地銀の問題点を示します。それは本来の役割であるはずの街の商店街や地元企業への貸し出しを渋っているということにあります。

なぜ貸さないのかというと、

・担保がないと貸さない
・担保があってもリスクがありそうな企業へは貸さない
・所得がしっかりあるか確認して二重の担保が確認できないと貸さない

からです。

これではわざわざ地銀から借りる必要がないような優良企業しかカネを借りることができません。

そもそもいまの日本は構造的不況に陥っています。庶民にはお金がありません。そして、景気は停滞したままです。

銀行というのは融資をしてその金利を得ることで収益を上げるというのが本来の姿です。ですから、融資先がないということは利益を上げられない状態であるということです。

それに拍車をかけたのが、ゼロ金利政策です。

ゼロ金利は地銀に壊滅的なダメージを与えました。地方は人口減少によって産業が低迷し、地銀は融資先の企業を失いつつあります。それにゼロ金利が追い打ちをかけました。いままでは「安全資産」の国債を買っておけば確実に金利収入を得られましたが、ゼロ金利によって、10年物の国債でさえ金利はマイナス圏に沈んでいます。個人向けの住宅ローンも、ネットバンクの参入によって利ざやが極端に少なくなっています。

あとに残された方策はリストラしかありませんが、これまで長く地方経済を支えてきたプライドがあり、簡単に行員の首切りをすることもできません。

そこで、苦しくなった地銀は収益欲しさにＣＬＯのような怪しげな金融商品を買いまくったというわけです。

ゼロ金利がとどめを刺した

２０１９年、地銀２行が重大な決断を強いられる危機を迎えました。島根銀行と福島銀行です。島根銀行は20年3月期で最終赤字が23億円に上る見込みです。島根銀行は８６１億円保有していた有価証券のうち、１年で47億円の損失を出しました。

これだけの損失を出したのはひとえにゼロ金利政策により、金利だけでは利益を上げられなくなったからです。そのため、無理して利益を上げようとして、外資の証券を買わされてしまったというわけです。

一方の福島銀行は有価証券で82億円の損失を出しました。連結の純資産が２８２億円ですので、一気に傾きました。

そして、その島根銀行に出資し、救済したのがＳＢＩホールディングスです。島根銀行は時価総額30億円で、社員４００人、預金残高３６００億円という企業です。それに対してSBIは時価総額5000億円、社員6900人、総資産5兆円という企業です。まったく比較にならないくらい規模が違います。

SBIはもはやグローバルな多国籍企業です。

ちなみにSBIは仮想通貨で有名なリップルの大株主でもあります。リップルはグーグルも出資する仮想通貨の本命企業です。

そして、この2行以上に危険な状況にあるのが筑波銀行です。銀行の経営状況の判断で一つの大きな指標となるのが、資産に占める「その他証券」の比率であると私は考えています。

筑波銀行は資産に占める「その他証券」の保有比率が福島銀行に匹敵し、島根銀行以上と非常に高いのです。一方で、地銀の中でも優良経営といわれる横浜銀行などは「その他証券」の保有率が低いという特徴があります。

同じように経営状況の悪い福邦銀行（福井）、福井銀行もその他証券の比率が高くなっています。東北の地銀では「じもとホールディングス（仙台銀行）」と「フィデアホールディングス（山形・秋田）」も危険です。一方、同じ宮城県の地銀でも七十七銀行は純利益177億円とまずまずですが、地銀が仮に経営破綻するような状況になれば、その地方の経済に甚大な悪影響を及ぼします。

宮城県の中心地である仙台市と、先ほど「もっとも危険」として名前を挙げた筑波銀行の本部のあるつくば市の環境は非常に似ています。

・大企業の支店や公務員が多い
・地場産業、特に工場が少ない
・預金を預ける人は多いが貸出先がない

そして、収益欲しさに危険な金融商品に手を出してしまっているのです。地域の預金が根こそぎ外資の餌食になる状況になっています。

もう一つ経営の悪い地銀の特徴に「原発立地自治体である」ことが挙げられます。島根銀行、福島銀行も原発立地県です。そして、今後経営危機を迎える可能性が高いと見られる福邦銀行・福井銀行も原発立地県です。

これは偶然ではなく、理由があります。原発はもともと地場産業が活発でないエリアに金にモノを言わせて作らせています。つまり、原発以外に産業が少なく、融資先がもともと少ないのです。そして原発に頼った結果、地元産業は空洞化してしまっているのです。

当然、貸出先がなくなった銀行は収益を上げられません。

原発の存廃はもちろん大きなテーマですが、それに代わる地場産業を作らないとその地域の未来はないのです。

ジャンク債比率ワースト10

こうしたボロボロになっていく地銀に急接近しているのが、竹中平蔵氏が社外取締役を務めるＳＢＩホールディングスです。

経営破綻した地銀がＳＢＩホールディングスに身売りし、そこから預金が外資に流れるという構図が出来上がっています。

２０１９年12月にＳＢＩと筑波銀行が提携を発表しました。筑波銀行がＳＢＩ地方創生アセットマネジメント株式会社に出資するというものです。

このＳＢＩ地方創生アセットマネジメントとは「グループ全体で推進する地方創生プロジェクトの一環として、お客さま向け預り資産ビジネスの支援と自己資金の有価証券運用の強化を目的に、地域金融機関との共同出資で設立された資産運用会社」（筑波銀行の提携発表リリースより）だそうです。

あたかも地方創生をやるプロジェクトのように謳《うた》っていますが、それは建て前にすぎません。

出資行一覧を見ると、他にも福島銀行、福井銀行、東邦銀行、島根銀行など、地銀の中でも「その他証券」保有比率が高く、経営状況の悪いところがずらりと並んでいます。

ＳＢＩは地銀と連携し、第４のメガバンクになる構想を打ち出して動いています。これの意味するところは、地銀の預金をまとめたうえで、おそらく外資の組成した金融商品を大量に買うのでしょう。

日本国民が一生懸命働いて生み出したお金が銀行員、財務省、金融庁が無知なせいで何十兆円単位で盗まれていくのです。これは決して陰謀論などではありません。

日本国民が一生懸命稼いだお金が奪われています。この流れを止めない限り、私たち一般人が個人でどれだけ努力しても報われることはまずない世の中になっているのです。

筑波銀行はまったく利益が出ていません。しかも問題なのは、その他証券の純資産に対する比率が非常に高いことです。「その他証券」とは、イコールジャンク債です。市場暴落で紙くずになる可能性のある証券です。ジャンク債が破裂することで損害が出ます。

ジャンク債比率を計算して独自に地銀ワースト10行を出してみました。

1位　福邦銀行（福井）
2位　筑波銀行（茨城）
3位　南都銀行（奈良）
4位　フィデアホールディングス（山形・秋田）
5位　長野銀行（長野）
6位　福井銀行（福井）
7位　中京銀行（愛知）
8位　大東銀行（福島）
9位　仙台銀行（宮城）
10位　青森銀行（青森）

「その他証券」の比率が低いトップ３の千葉銀行、横浜銀行、福岡銀行は安全な優良銀行といっていいでしょう。こうした優良銀行は優良な取引先を多く抱え、本業で儲けが出ているので危ない投資はしなくていいというわけです。

銀行の経営状況を判断する材料として、もう一つあるのが「純利益÷預金」の数値です。預金に対してどれだけの純利益を確保しているかということはとても重要です。なぜかというと、預金に対しては金利を支払わなければならないからです。

つまり、ここで十分な利益を上げられていない企業は「何かしら金利の高い投資」をすることによって利益を上げようとせざるを得ないのです。

もちろん、そんなおいしい話などありません。「金利の高い投資」とは「リスクの高い投資」であり、実際には「最終的にはゴミになる証券」のことなのです。

106兆円が吹き飛ぶ

地銀の優良株としてトップ3に挙げられる横浜銀行の場合、預金は14・3兆円で純利益は543億円。純利益÷預金＝0・3％となります。

一方、福島銀行の場合、預金は7285億円で純利益は5・2億円。純利益÷預金＝0・07％です。

これに対して、私がもっとも危ないと見ている筑波銀行の場合、預金は2・25兆円で純利益は10・8億円。純利益÷預金＝0・04％です。ご覧の通り福島銀行よりも悪い数字です。

これら3行の純資産と、その他証券についても見ていきましょう。

〈横浜銀行〉
純資産1・16兆円　その他証券6766億円
〈福島銀行〉
純資産282億円　その他証券733億円
〈筑波銀行〉
純資産1104億円　その他証券3629億円

優良銀行である横浜銀行が純資産の半分程度しか「その他証券」を保有していないのに対して、福島銀行は純資産の倍以上、筑波銀行に至っては純資産の3倍以上も保有しています。

ここで地銀全体の資産状況を見ていきましょう。

国債保有額がどんどん下がり、危険資産やその他社債が増えてきています。アベノミクスと黒田東彦日銀総裁の主導によるゼロ金利政策をとったことで、国債の利回りが下がりました。特に地銀は融資先がなく、収益欲しさにCLOのような怪しげな外資の金融商品を買いまくったのです。そのため、金融危機になればこの莫大な危険資産が吹き飛びます。

金融危機になった場合、想定される損失額は106・8兆円です。日本の全銀行の貸出金の総額が575・1兆円、その他証券を含むハイリスク有価証券の総額が130・2兆円です。今後、金融危機が起こって貸出金の5%、ハイリスク有価証券の30%が毀損したとすると、想定される損失の総額は67・8兆円です。日本の全銀行の純資産総額は56・5兆円ですから、ほとんどの銀行が債務超過になってしまいます。

元本保証で預かっている預金で外資のハイリスク金融商品を大量購入しているからです。これはたとえるならば、「パチンコに行ってお金増やすからお金を貸してくれ」と言っているようなものです。

あなたはもしそう言われたらお金を貸しますか？

自分の資産を超えて預金、つまり人から借りたお金でもってハイリスクな商品を買っている。

いま、金融の世界は、悪夢のような状態にあるのです。

第3章　ゆうちょマネー100兆円に迫りくる金融危機

5500兆円のデリバティブ

「次の金融危機」の足音が聞こえます。

ドイツ銀行は5500兆円という天文学的な量のデリバティブ（金融派生商品）を保有しています。実際のところ頭取自身が「総額がわからない」としているほどの量です。このデリバティブが崩壊したときにはドイツ銀行はひとたまりもない被害を受けます。

この状況にいま、市場がパニックになっているのです。

デリバティブとは、簡単に言うと、株価が上がる下がる、企業が潰れる潰れないのどちらかにかけた、「保険」のような商品です。悪用したらまさに「丁半博打《ばくち》」としか言いようのない代物《しろもの》です。実体経済になんらいいことがない、始末の悪い商品です。

それでいて、バブルが膨らんでいき、経済危機を招き寄せるのです。デリバティブはFX（外国為替証拠金取引）のようにレバレッジをかけるのですが、そのレバレッジは日本のFXの上限である25倍ではなく100倍、それ以上のレバレッジをかけた取引が日常的に行われています。そのため、デリバティブの対象となっている企業が倒産したら桁違いの支払いを求められてしまいます。

問題を複雑にしているのは、この天文学的なデリバティブ保有額が、貸借対照表に載らないということです。

正確に言うと過去のアメリカのエネルギー企業・エンロンの倒産など、デリバティブ破綻による大型倒産の経験から、デリバティブの保有価値を貸借対照表に記載することがいまは義務付けられています。

しかし、特にＣＤＳなどは取得価格以上の損失が発生しますから、貸借対照表では実質的なリスクがわかりません。どの企業も、決算書を魅力的に見せるために、許される範囲で最大限のお化粧をしますので、なおさらです。

ドイツ・フランクフルトのドイツ銀行本社

リーマン・ショックが発生したのは２００８年９月でした。すでに触れましたが、リーマン・ブラザーズは倒産寸前まで格付けがトリプルＡでした。つまり、少なくとも財務諸表などの外形上は健全経営の企業だったわけです。

ところが、デリバティブが破綻した瞬間に一発で倒産となります。負債総額は約64兆円でしたが、これだけの負債が発生する因子を抱えていることが貸借対照表には記載されていなかったのです。

これをさらに大きくしたのがいま現在のドイツ銀行です。ドイツ銀行の保有する5500兆円にも及ぶデリバティブが実際のところどれだけの価値になってしまうのか。想像しただけでも恐ろしい話です。

不動産のような実体の伴う資産ならまだしも、ほとんどゴミ同然の金融商品なわけですから、吹き飛ぶのは目に見えています。これで倒産しないと考えるほうが難しいでしょう。なにせこの5500兆円というのはドイツ国家のGDPの12倍というとんでもない金額なのです。

問題は、ドイツ銀行が危機に陥るだけでは済まないということで、それがどこまで連鎖していくのかまったく見通せないことにあります。

一つのデリバティブは他の会社のデリバティブと繋がっているからです。世界のデリバティブ総額は6京円と国際決済銀行が公表していますが、正確には誰にもわからないほどに膨れ上がっているのです。しかもそれが、入れ子状になってどんどん繋がっていき複雑に連鎖しているので、どれだけの影響を及ぼすのかがまったく見通せないということなのです。

大きすぎて潰せない

いま、ドイツ銀行からは大手顧客がどんどん撤退していっています。

ヘッジファンドはプライムブローカーを解約しています。このプライムブローカーとはメインで使う口座のことです。大手ヘッジファンドのルネサンス・テクノロジーズに至ってはドイツ銀行から資金を引き揚げていたことが報道されています。このルネサンス・テクノロジーズを率いるジェームズ・シモンズ氏は、ハーバード大やマサチューセッツ工科大で教授を務めるほどの頭脳を持った元数学者で、「世界でもっとも賢いファンドマネジャー」と言われる人です。そのシモンズ氏が、ドイツ銀行を「見限った」のです。

世界一賢い投資家と言われるジェームズ・シモンズ氏

２０１９年7月、ドイツ銀行は再建プランを発表しました。

その内容は1・8万人のリストラと9兆円のバッドバンクの設立を柱としたものです。バッドバンクとは、デリバティブを中心とした不良債権を分離するための別銀行で、ドイツ銀行本体の健全性を回復しようとするものです。

ところが、今後数年間も赤字の計画となっていることもあり、その後も株価の下落は止まりませんでした。市場はもうすでにドイツ銀行の再建は不可能と見ているわけです。

こうした経営危機に加えて、ガバナンス的な問題も発生しています。それがマネーロンダリング（資金洗浄）を行っていたのではないかという疑惑です。その金額は実に26兆円にも及びます。

このマネロン疑惑の舞台はデンマークのダンスケ銀行です。

ダンスケ銀行のエストニア支店が2000億ユーロ（約26兆円）もの資金を洗浄していた疑いが持たれています。それによりダンスケ銀行のCEOは辞任に追い込まれ、担当者とみられるエストニア部門CEOは謎の死を遂げています。

洗浄されたのはロシアの不正資金ともいわれており、追及が続いています。そして、このマネロンの実質的な主導役がドイツ銀行とされており、フランクフルトにあるドイツ銀行本店が家宅捜索される事態に発展しています。

今後マネロン疑惑の捜査が進んでいくほどにドイツ銀行の再建は困難になっていくでしょう。

ドイツ銀行の米国フロリダ州にある子会社のコンプライアンス担当者がこのマネロンのうち少なくとも16・7兆円分については繰り返し警告を発していたことも明らかになっています。ドイツ銀行が組織的に意図的なマネロンをしていたことはほぼ間違いありません。

ここまでくると、ドイツ銀行の倒産は不可避だと思うでしょう。しかし、ドイツ銀行はもはや「大きすぎて潰せない」という状態なのです。ドイツ銀行の最大株主はブラックロックという会社です。運用資産は８００兆円で世界一の投資会社です。

日本のＧＤＰが約５３０兆円ですから、いかに大きいかがおわかりいただけるでしょう。この世界最大の投資会社は１９８８年に設立されました。株主はＰＮＣバンク、ヴァンガードグループなどが名を連ねていますが、謎の多い会社です。

なぜ、この期《ご》に及んでブラックロックがドイツ銀行の株を持ちつづけているのでしょうか。私は２つの可能性があると思っています。

1　ドイツ銀行を助けられると思って株を保有している
2　ドイツ銀行が破綻したときの世界経済全体への影響に鑑み、仕方なく保有している

正直このどちらなのかはわかりません。

しかし、2番のほうではないかと推測します。どう考えても破綻の影響が大きすぎるので、これだけは避けたいと思っているのではないでしょうか。

もはや、これまでのバブル崩壊とは様相が変わってきているのです。それは影響を及ぼす規模が従来のバブルとは桁違いになっているからなのです。

ドイツ銀行が破綻した場合、リーマン・ショックの10倍以上の金融ショックが発生します。世界のデリバティブ総額は約6京円にも上ります。それとは別に、シャドーバンキングの資金は約1・8京円あります。これは銀行融資ではないハイリスクな商品です。爆発して、吹き飛ぶ可能性を秘めている時限爆弾のようなものです。そんなものに対して、とんでもない金額をばらまかれてしまっていることが問題の本質なのです。

トルコ・リラの大暴落

トルコの通貨、リラの暴落も金融危機の前兆現象の一つです。

2007年には1リラ＝100円近かったのが、2019年には18円台にまで下がっています。10年以上の長期スパンで継続的に下落を続け、5分の1程度の水準まで下がってしまったのです。特にこの2年間で4割程度も下落しています。

しかも依然として経済情勢は回復の兆しが見えません。もはやハイパーインフレへの危険水準に達しているという状況になっています。

トルコのエルドアン大統領が2018年の演説で、「枕の下のドル、ユーロ、金をリラに両替してほしい」とリラの買い支えを呼びかけたことで市場はさらにパニックに陥りました。

「大統領がこんなことを言うなんて、よほどリラは危ないのではないか」と国民や市場関係者が警戒感を示したのです。そのためリラは暴落し、トルコ国内では預金封鎖の不安から暴動に発展しました。まさに大混乱です。

この混乱を招いた主たる原因がアメリカとの関係悪化です。トルコは2019年10月9

日にシリア領に軍事侵攻しました。

シリアにはクルド人自治区があります。クルド人の武装組織であるＹＰＧという組織をテロリスト認定し、これを攻撃したのです。

シリアのアサド政権はＹＰＧの自治を容認しています。しかし、トルコにとってみると、クルド人自治区とはずっと領土問題でもめていることから軍事侵攻に踏み切りました。

その軍事攻撃はシリアからアメリカが撤退した隙をついて行われました。アメリカは「イスラム国」（ＩＳ）の掃討でクルドＹＰＧと連携していました。そのため、ＹＰＧを攻撃したトルコとアメリカは対立することになります。

これに先立つ２０１６年にトルコクーデター未遂事件が起こりました。エルドアン大統領はその首謀者をアメリカに亡命中のフェトフッラー・ギュレン氏であると断定。エルドアンはアメリカに身柄の引き渡しを再三にわたり要求します。しかし、アメリカは拒否しつづけたため、アメリカとトルコの関係は悪化の一途をたどります。

しかし、トルコの軍事侵略に対してＥＵは強く非難できずにいました。エルドアン大統領が、「軍事作戦を批判するなら３６０万人の難民を送り込む」と宣言していたからです。

ＥＵにとって難民問題はもっとも重大な課題です。

大量の難民が押し寄せたために、職を奪われて失業した人が相次いだことや、難民による治安の悪化も起こりました。そのため難民を多く受け入れた国の国民ほど難民に対する嫌悪感が強まっていたのです。アメリカのトランプ大統領が難民に対して厳しい姿勢を示して支持を高めているのも同様の背景があります。

こうした状況下にあるため、難民が押し寄せるとＥＵは政権転覆にすら繋がりかねないのです。特に大量に難民を受け入れてきたドイツでは難民問題が大きな政治問題に発展しています。そのため、ＥＵはエルドアンに強く言えないのです。

エルドアン大統領は気にくわないジャーナリストを片っ端から逮捕し、投獄しています。さらに、政府を批判するテレビ局は放送中止にし、ひどいときは免許停止にまで追い込んでいきます。

自分を批判するものを徹底して排除することで独裁体制を築いているのです。

トルコＣＤＳという「爆弾」

シリアのクルド人自治区には１万２０００人のＩＳ戦闘員とその家族５万８０００人が

収容されていました。しかし、トルコによる攻撃で収容所が放棄されたため、IS戦闘員が中東全土に拡散していきました。そのため、アメリカはまたIS掃討作戦を行う構えを見せています。

ここまでくると、ISの解放は軍産複合体国家であるアメリカの工作ではないか、とすら思えてきます。

トルコには信仰の自由こそありますが、国民の99％はイスラム教徒です。トルコはEU加盟を申請していますが、クルド人などに対する迫害をしていることなどを理由にフランスなど一部加盟国が強硬に反対しています。

一方で、トルコはロシアとの関係を強めています。エルドアンとロシアのプーチン大統領が急接近しているのです。クルド人自治区への軍事侵攻も事前にプーチン氏に報告し、了承を得ていたのです。また、トルコはNATO加盟国なのにロシアから最新鋭の武器を購入しています。

NATOとは東西冷戦時代に、旧ソ連を筆頭とした東側諸国に対抗するためにアメリカを中心にまとまった軍事組織です。その加盟国がいわば敵国であるロシアから武器を購入するなどあり得ないことなのです。そのため、アメリカとはますます関係が悪化しています。

このように、トルコを取り巻く状況は混沌としています。

とりわけ、リラが暴落している原因はアメリカとの関係悪化であることは明らかです。事実、2018年8月にはトランプ大統領がシリアへの軍事侵攻について、「経済制裁だ」と発言しています。

止まらないリラ安はトルコ経済を苦境に追い込んでいます。トルコ企業やトルコ政府はドル建ての借り入れを相当量行っているため、リラが下がると借金がどんどん嵩んでしまうのです。

この調子でリラが下がりつづけるとトルコ経済が破綻に突き進むのは不可避です。

しかし、これはトルコだけの問題にとどまりません。トルコの破綻は世界中の経済に大きな悪影響を与える可能性があるのです。それはCDS（クレジット・デフォルト・スワップ）です。トルコ5年もの国債のCDSが売り出されているのです。CDSは企業や国が破綻した際の保険のようなデリバティブ商品です。

そのCDSが急騰しており、危険水準にまで達しているのです。トルコの破綻に備えた保険の商品が破綻するというほうに振れているということは、市場関係者の間では「トルコは破綻する」という見方のほうが大勢だということです。まさに「トルコ経済は破綻寸前」という状況です。

トルコが破綻すると、そのCDSを販売しているところに危機が及びます。トルコ5年もの国債のCDSをもっとも多く販売しているのはEUの銀行ですから、当然のように連鎖していきます。特にドイツ銀行は危機が現実になるといっていいでしょう。

ドイツ銀行だけでなく、EU中、いや世界中の金融機関が保有しているトルコのCDSが爆発することで、金融バブルが崩壊します。そうなれば、リーマン・ショックの10倍以上の経済危機に陥るのです。

ゴールドマン・サックス元幹部の告発

なぜ、こんな状況になっているのでしょうか。

それは国際金融資本家が想像を絶するほどに強欲だからです。その国際金融資本の権化ともいえる企業が外資系投資銀行のゴールドマン・サックスです。大株主は不明で、謎の多い企業です。

あのリーマン・ショックのとき、多くの金融機関が甚大な被害を受けるなか、利益を上げていたのがゴールドマン・サックスです。ゴールドマン・サックスがどんな会社であるかについて、貴重な証言が得られました。

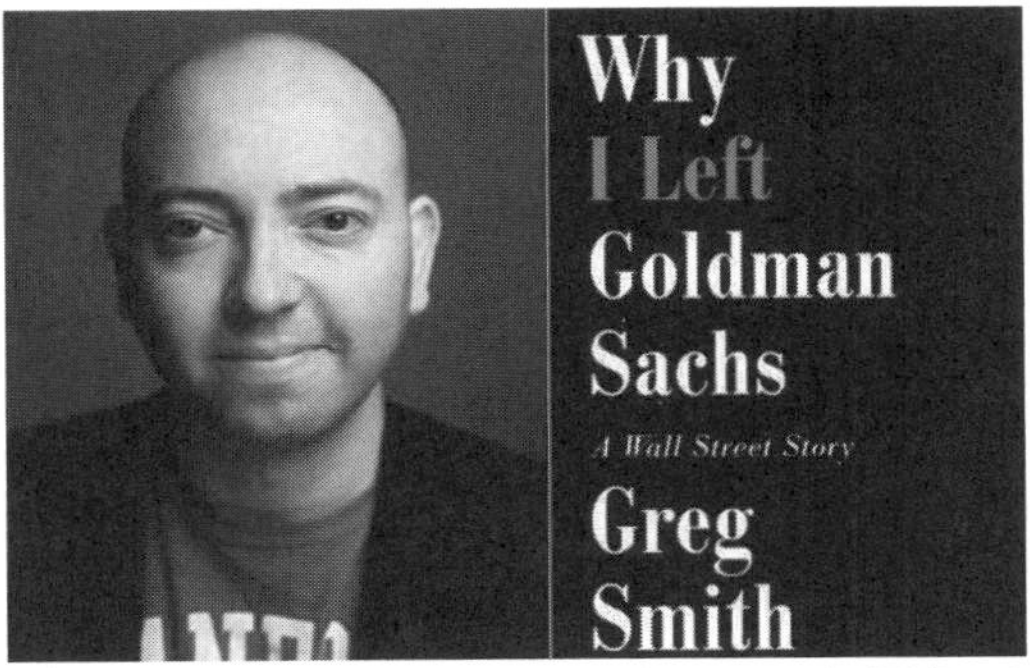

元ゴールドマン・サックスのグレッグ・スミス氏が刊行した著書

ゴールドマン・サックスのエグゼクティブ・ディレクターだったグレッグ・スミス氏がニューヨーク・タイムズ紙に内部告発したのです。このスミス氏はゴールドマン・サックスでデリバティブを担当していました。再三問題点を指摘してきた、金融の世界における「爆弾」がデリバティブです。スミス氏はまさにその中枢で働いてきた人物です。

同氏は2012年3月14日に「なぜ、私はゴールドマン・サックスを去るのか」と題して、金融業界の実態を暴露する手記を寄稿しました。

スミス氏の手記にはこうあります。

〈私は常にこの仕事に誇りを持ち、たとえそれが他の方法より儲けが少なくても、私が顧客にとってそれが正しいと信じることを顧客に助言してきました。しかし、このような考え方はだんだんゴールドマン・サックスでは受け入れられなくなってきました〉

彼の告発によると、ゴールドマン・サックスで出世する方法は3つあります。

1「大ナタを振るう」
利益の出ないような金融商品を顧客に買わせるよう説得する

2「象狩り」
ゴールドマン・サックスに最大利益をもたらす顧客を連れてくる

3「CDSのような3文字略語のつくデリバティブ商品を売る」
わけのわからない金融商品を売ることで、顧客は損してゴールドマン・サックスはバンバン儲かる

つまり、「とにかく顧客を騙してゴミのような商品を売りつけて大損させ、ゴールドマン・サックスに莫大な利益を生み出させる」ことが評価される会社だということです。このスミス氏はこうしたやり方にさすがに良心の呵責《かしゃく》を感じ、告発に踏み切ったということです。

スミス氏によると、ゴールドマン・サックスの会議で話し合うことといえば、「どうすれば最大の金を顧客から剝ぎとれるか」に尽きるということです。

「リスク資産を増やす」

ゴールドマン・サックスの触手はもちろん日本にも及んでいます。

日本におけるゴールドマン・サックスの代表的な顧客例は、

・ゆうちょ銀行
・年金積立金管理運用独立行政法人（ＧＰＩＦ）
・ソフトバンク

この３つです。

日本国民の預金、それから大切な老後資金である年金が喰い物にされているのです。デリバティブはもし金融危機に見舞われれば、一瞬にして吹き飛んでしまう「爆弾」だからです。

ゴールドマン・サックスで若手社員に向けられる上司の言葉は、「客を操る」、「目玉をくり抜く」、「金を剝ぎ取る」など、おおよそ品性のかけらもないものばかりだったそうで、スミス氏は「ここではまともな社会の一員になる人は育たない」と確信したそうです。

お金を儲けることだけ考えている人たちには、顧客の信頼を得ることも、この社会を維持していくこともできません。しかし、このような非人道的な空気が金融業界全般に蔓延しているのです。

ゴールドマン・サックスはこの告発を受けても何ら反省することもなく、これまで通りの通常営業が続けられています。そして、とうとう詐欺で訴えられるまでに至りました。2010年4月米証券取引委員会（SEC）が同社を詐欺の疑いで訴追しました。破綻がわかっていたCDO（債務担保証券）を販売したことが詐欺に当たると指摘されました。

2019年8月9日には政府系ファンド1MDB（1　マレーシア・デベロップメント）に関する詐欺でマレーシア政府はゴールドマン・サックス現・元幹部17人を追訴しました。ゴールドマン側はアジア部門の子会社が罪を認め、20億ドル（約2160億円）を払って和解する方向で司法当局と交渉中だそうです。

このように、世界中でゴールドマン・サックスは警戒の対象となっているのです。しかし、日本ではあまりにも危機感が乏しいのが現状です。当然、彼らは日本を狙います。いや、日本こそ狙われているといったほうがいいかもしれません。

そんな日本における国際金融資本の注目人物のひとりが、佐護勝紀氏です。元ゴールドマン・サックス証券副会長にして、元ゆうちょ銀行副社長。そして、現在はソフトバンクグループ取締役。

ゆうちょ銀行は完全にゴールドマン・サックスの「優良な」顧客となっています。ゆうちょ銀行など郵政３事業を束ねる日本郵政の長門正貢前社長は「リスク資産を増やす」、「攻めの運用をする」と言っていました。

これは言い換えると、「３文字略語のわけのわからない商品を買うこと」＝「ＣＤＳなどのデリバティブ商品を買うこと」になります。

これは荒唐無稽なユダヤ陰謀論ではありませんし、ましてや人種差別でもない外形的な事実として、ゴールドマン・サックス前会長のロイド・ブランクファインも、現会長のデイビッド・Ｍ・ソロモンも共にユダヤ系です。ロスチャイルド一族を筆頭に、国際金融資本家の中枢にいるのはシオニストと言っていいでしょう。

丁半バクチをやっているだけ

これはあなたにとっても無関係ではありません。

あなたの貯金もゴールドマン・サックスに奪われているのです。ゆうちょ銀行に預けている預金の運用先として、ゴールドマン・サックスが作ったデリバティブが選ばれることで、その購入の原資にされ、喰い物にされるのです。ゴールドマン・サックスが作った金融商品を買わされているのです。

年金機構も同様です。こちらは国民から満遍なく徴収しているわけですから無関係でいられる人はほとんどいません。

その典型的な事例が前章で挙げた農林中金や地銀であり、みずほフィナンシャルグループ（FG）です。日本の3メガバンクの一つであるみずほFGは2019年3月期に、なんと6800億円もの損失を出しています。みずほはこの損失のうち1800億円について次のようにコメントしています。

〈金融市場における不透明感が高まる中で、（中略）過去に投資した外国債券等の有価証券ポートフォリオを再構築致します。

また、デリバティブ取引のカウンターパーティーリスク等を時価評価に反映させるためにデリバティブ評価方法等を精緻化致します。

これらに伴い、経常費用に含めて上記に係る有価証券売却損等を計上する見込みです〉

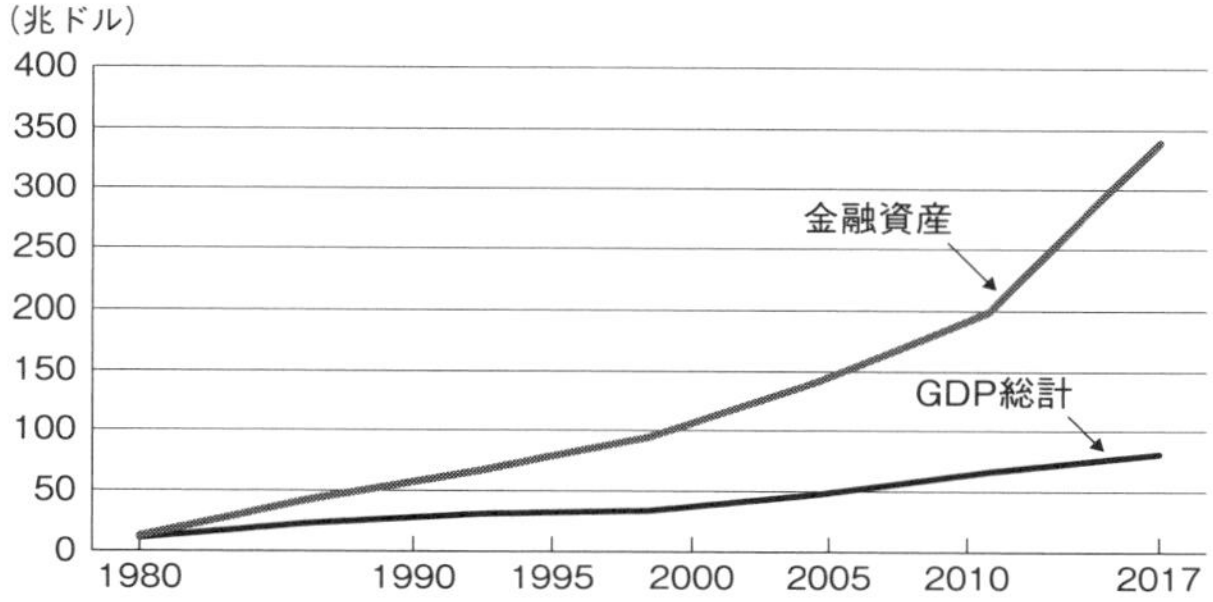

各種統計より著者作成

このコメントを翻訳すると、市場が荒れてきたなか、みずほ銀行が以前投資した外債にどうも価値のアヤシイものが含まれていた。

とくにデリバティブにアヤシイものが多そうなので、いま現在の実勢価格を評価しなおし、損失を計上する、ということです。

このコメントを見て、私が想起したのは、バブル崩壊後の大手金融機関です。巨額の不良債権を抱えながら、その「評価方法」をあいまいにし、損失額を低く見せかけていました。山一證券に至っては2600億円もの損失をタックス・ヘイブン（租税回避地）に「飛ばし」、破綻の直前までそれを隠していたのです。

ここで世界のGDPと金融資産の推移を見ていきます（上の図参照）。

ご覧のように1980年にはほぼ同じ金額だったのに、2017年には金融資産がGDPの4倍にまで膨らんでいます。これは明らかに膨らみすぎです。それだけ弾けるバブルが大きく、金融危機のリスクが高いということを意味します。

私が2011年に金融業界から足を洗った理由は、ここで記してきたようなリーマン・ショックの10倍規模にもなる金融危機の到来が避けられないと確信したからです。金融バブル全体で見ると、さらに10倍近い規模になるでしょう。

つまり、リーマン・ショックの100倍レベルの大ショックがやってくることになるのです。こうなったときに、無関係でいられる人がどれだけいるでしょうか。人類沈没と言ってもいいくらいの大恐慌がやってくることも十分にあり得るのです。

もはや人類は一度、金融のシステムを考えなおさないとどうしようもないというところまで来ているのです。

銀行は本来、皆さんから預かったお金を融資して社会を良くしていくことを目的としているはずです。それが、デリバティブを含む丁半博打に興じているのです。

金儲けだけを考えるマネーゲームが主流となってしまっています。

第４章　危機の黒幕——渡り鳥金融マンたち

日本のカネが流出している

働いても、働いても豊かにならない——。

皆さんは「なんでこんなに頑張って働いているのに、生活が一向に良くならないのか」と感じたことはないですか。

30年にもわたる長期間のデフレ状態で、実質賃金は下がりに下がり、生活が苦しいと感じるのは当然です。しかし、皆さんの生活が苦しいのは皆さんの頑張りが足りていないからではありません。金融戦争の犠牲者になっているからなのです。

「アベノミクスで景気が良くなった」と喧伝されていますが、いったいそのおカネはどこに消えてしまったのでしょうか。

日本銀行は異次元緩和で毎年80兆円もの国債を買うと言っていましたが、その効果はあったのでしょうか。

結局アベノミクスとはなんだったのか、エコノミストや学者がいまも議論を戦わせていますが、私はそれ以前に、日本の景気が上向かない最大の理由は、戦後75年も経ったのにいまだアメリカの言いなりで、アメリカの植民地のような状態になってしまっているからだと思えるのです。

　トヨタ、ソニー、パナソニック、東芝など日本の製造業が、爪に火を点《とも》すようなカイゼンカイゼンの積み上げで稼いだ利益は、いったいどこに消えてしまったのでしょうか。

　アベノミクスでこの７年間、大企業の利益と一部富裕層の資産は増えつづけ、富裕層の資産は３００兆円に迫っています。

　内訳をみると、以下の通りです。

	超富裕層	富裕層	合計
２０１３年	73兆円	１６８兆円	２４１兆円
２０１５年	75兆円	１９７兆円	２７２兆円
２０１７年	84兆円	２１５兆円	２９９兆円

　ここでいう超富裕層とは5億円以上の金融資産を持つ世帯、富裕層は1億円以上5億円未満です。これに該当するのは、全国５３７２万世帯のうちのたった２・３％だけです

が、この層はわずか5年で25％（！）も規模を増やしているのです。

他方で、われわれ、庶民の生活が崩れています。皆さんが、働いても、働いても豊かにならないのは、アメリカ金融資本のエージェント（代理人）のような人物がのさばるからです。


皆さんもご存知のとおり、日本は、世界でもっとも大量にアメリカの国債を保有している国です。

最近になって、中国も大量にアメリカ国債を買っていますが、昨年日本は1位に返り咲いています。しかし、この米国債は、実質的に売れません。日本はアメリカの同盟国で、安全保障を依存する立場のため、アメリカの国債を売れば「裏切り行為」とみなされてしまうからです。つまり、日本がいまの日米関係を維持しようとすれば、国債を売ることは許されないのです。

国債は国の借金ですが、返す気のない借金は借金ではありません。それは、見方を変えると日本国民が貯めたお金をアメリカに「プレゼント」しているということなのです。

米国債だけの問題ではありません。日本は、アメリカ企業が発行した債券を買いまくることで、アメリカの経済に大きな貢献をしています。というか、貢献させられています。たとえば、ゆうちょ銀行の貯金のうち約１００兆円、年金基金の資産のうちの63兆円が、アメリカ国債やアメリカ企業の金融商品の購入に充てられています。

それらのおカネは本来、日本の国内で回っていくべき、日本国民のために使われるべきお金ですが、それが流出してしまっているのです。

ニューヨークのウォール街には、強欲な金融家が集っています。

このウォール街を牛耳っているのは国際金融資本家といわれる人たちで、彼らは信じられないほど多額の資金を運用する「金融財閥」です。

そのなかでも、特に「ロスチャイルド」「モルガン」「ロックフェラー」の三つの金融財閥はアメリカの中央銀行にあたるＦＲＢ（連邦準備制度理事会）の設立に関与したと言われるほどの存在で、アメリカ金融界の中枢です。

世界の基軸通貨ドルを発行しているＦＲＢは民間銀行でありながら、その株主は、ホームページのどこを探しても公開されていません。20世紀はじめのＦＲＢは、ロスチャイルド銀行、ウォーバーグ銀行、ゴールドマン・サックスなどの資本家が株を保有していたことがわかっています。その後の株主構成はいっさい公表されていませんが、アメリカ政府はFRBの株をまったく保有していないと言われています。

世界中で通用する基軸通貨＝ドルは、とても不透明な状態で運営されているのです。

竹中平蔵氏の過去

そもそも、アメリカという国が豊かなのは、ドルを自由に刷りまくり、世界中に配っているからです。

他方、私たちの生活が苦しいのは、われわれの稼いだおカネが、アメリカ国債やドルなどの形でアメリカに吸い上げられてしまっているからです。ニクソン・ショックやプラザ合意など、日本円の価値は過去、何度もアメリカの都合で強引に変更させられてきました。

そうやって吸い上げたお金で、アメリカと、アメリカの金融資本家がマネーゲームに明け暮れ、政治や経済を回しているのです。

にもかかわらず、日本政府は自民党も一時政権を担った民主党も、アメリカに対して「おかしい」と言えずにきました。それどころかむしろ逆です。

国際金融資本の代弁者を政府の要職に据え、政策提言を行う委員会の委員に指名してきました。

その代表格といえば、竹中平蔵氏です。

竹中氏は１９５１年、和歌山県生まれ。１９６９年に一橋大学経済学部に入学します。この年は東大紛争で安田講堂が占拠され、東大の入試が中止になっています。竹中氏は著書で、「もともと一橋大志望だったが、先生に東大を目指すよう強く言われていた。受験がなくなって幸運だった」と書いています。

同大卒業後、日本開発銀行（現・日本政策投資銀行）に入行。エコノミストとしての道を歩きはじめますが、竹中氏の最初の著書にして出世作の『研究開発と設備投資の経済学』（東洋経済新報社）は開銀の同僚である共同研究者を差し置いて、成果をすべて独り占めしたものであったことが、のちに明らかになっています。この元共同研究者は怒りのあまり、竹中氏と絶交したそうです。

竹中平蔵氏

しかし、この著作が１９８４年度のサントリー学芸賞を受賞したことで、竹中氏は著名エコノミストへの道を歩みはじめます。

ハーバード大学、ペンシルバニア大学客員研究員、ハーバード大学客員准教授として、アカデミックな世界で活躍します。

1989年、国際経済研究所客員フェロー、帰国後、慶應義塾大学総合政策学部教授を経て、1998年、小渕恵三首相諮問会議「経済戦略会議」メンバーとなり、2000年、森喜朗首相諮問機関「IT戦略会議」メンバーを務めます。

2001年の小泉純一郎内閣発足後は、経済財政政策担当大臣、金融担当大臣を兼任、2004年、経済財政政策・郵政民営化担当大臣、2005年、総務大臣・郵政民営化担当大臣を歴任します。

小泉政権が幕を下ろすとともにバッジを外し、2009年、人材派遣会社「パソナグループ」取締役会長に就任。安倍内閣発足後は「産業競争力会議」「国家戦略特別区域諮問会議」で民間議員を務めています。

竹中氏は政府の要職を歴任するかたわら、多数の民間企業の役職を引き受けることもいといません。

現在、同氏が取締役を務めるおもな会社は以下の通りです。

・パソナグループ取締役会長
・オリックス取締役（社外）
・SBIホールディングス取締役（社外）

その他、東洋大学国際地域学部教授、森ビルアカデミーヒルズ理事長、内閣府の未来投資会議構造改革徹底推進会合の会長でもあります。

ほかのエコノミストと違い、竹中氏の特徴は、政治と民間企業の双方に自ら積極的に関わっていくことです。その結果、「利益誘導」ととられかねないような、危ない橋でも躊躇なく渡っていきます。

オリックスに天下った

竹中氏は2019年1月、世界中の経済人や行政官がスイス・ジュネーブに集まるダボス会議（世界経済フォーラム年次総会）に出席し、安倍首相やウーバーのCEOらとランチミーティングを行いました。帰国後、同年3月に開かれた未来投資会議の席で、「ウーバーや滴滴、グラブなどライドシェア産業はもっとも成長した産業」と褒め称え、「日本でも自家用有償旅客運送制度の改善が必要」

と口にしています。

日本の現行制度では白タク行為（無許可タクシー）は違法です。

これを規制緩和によって解禁し、日本のタクシー市場をウーバーに開放せよ、ということです。竹中氏の主張は、「規制緩和」という枠組みのなかでは正論に聞こえますが、アメリカ企業のウーバーにとっては、日本の市場を攻略するきっかけとなるわけで、これ以上ありがたい話はありません。もし実現すれば、ウーバーは竹中氏を高給で役員に迎えるかもしれません。さすがに竹中氏がこの誘いを受けるとは思えませんが。

竹中氏は過去にも同じようなことを繰り返しています。

小泉内閣では労働者派遣法を改正し、派遣社員の範囲を製造業にまで広げました。労働者派遣法自体は１９８５年に制定された古い法律ですが、当初の高度専門人材から徐々に指定業種の範囲が広げられ、２００３年の改正（翌年施行）で製造業にも派遣社員が認められるようになったのです。

これが、小泉氏の言う「構造改革」「規制緩和」のひとつでした。

そして、この規制緩和によって潤ったのは人材派遣会社です。なかでも、１９７６年創業のパソナは規制緩和の波に乗って急成長しました。

竹中氏自身は否定していますが、彼の一連の主張を見ると、80年代に世界を席巻した新自由主義の影響を強く感じます。

シカゴ大学のミルトン・フリードマンを中心とする論者たちが、経済に対する政府の関与を最小限にし、徹底的に規制緩和して、民間企業を「放任」することによって、社会の活力を最大限に引き出すことができると説きました。

派遣社員と正社員の待遇差は、以前から問題になっていました。派遣される業種が高給が予想される専門職に限定されていればいいですが、製造業など、それほど専門的な技術が必要とされない業種にまで広げられると、どうしても「雇用の安全弁」として使われることになってしまいます。

つまり、好景気のときは期間従業員などとして大量の雇用が発生しますが、景気が傾き、業績への影響が懸念《けねん》されるようになると、真っ先に解雇されるのは派遣社員です。

欧米のように雇用の流動性が高く、何度も転職を繰り返すのが当たり前という社会であれば、解雇されても次の会社を見つけるのは容易ですが、日本は伝統的に正社員の終身雇用がおおむね維持されており、状況のいい転職先を見つけることは難しい社会です。まして、リーマン・ショック後のように産業界全体が不況に苦しんでいるときは、どの会社も正社員の雇用を守るため、派遣社員を「首切り」することで人件費を抑えようとします。いわゆる「就職氷河期」にやむを得ず派遣労働者の道を選択した人たちが、いまも低収入のまま結婚もままならないという状態に置かれています。

「格差社会」「勝ち組、負け組」という言葉は何年も前から一般化していますが、私は、日本の産業界の特徴を無視して安易にアメリカ流を導入したことで、こうした現象が起きてしまっているのだと感じています。

小泉政権でそれを主導した竹中氏はいま現在も、人材派遣会社パソナグループの会長でありながら、安倍政権の民間諮問委員としてさらなる労働規制緩和を推進しています。

小泉政権のもうひとつの目玉は郵政民営化でしたが、それによって、日本郵政の持つ資産の多くが、民間に払い下げられることになりました。このときに手をあげたのが、オリックスです。

「かんぽの宿」70施設と都心の一等地にある社宅などの9つの物件が、オリックス不動産に売却されることが決定しましたが、もともと2400億円かけてつくったものを109億円で売却するという契約に世論の批判が集中し、撤回されました。

もしこの話が成立していれば、オリックスは巨額の含み益を手にしていたはずで、小泉政権の「負の側面」といえます。同社の宮内義彦会長（当時）は政府の規制改革会議の議長も務めており、そうした企業が巨額の政府の払い下げを受けることに、強い批判が出ました。

その小泉政権の中枢にいた竹中氏が、当のオリックスに社外取締役として迎えられたのですから、臆測を呼ぶのも当然です。

「非正規労働者」の痛み

オリックスは最近でも、静岡県浜松市の下水道民営化事業をフランスの企業と共同で受任しています。これも規制緩和の結果、民間の参入が認められた分野で、オリックスはもっともその恩恵を受けている企業といえるでしょう。

先ほどパソナの話に触れましたが、２０２０年の東京オリンピック・パラリンピックで、ボランティアの募集をパソナが請け負っています。ボランティア志願者には交通費程度しか払われませんが、パソナはこの仕事できっちり利益を得ています。

「構造改革」「官から民へ」という看板を掲げ、日本国内の政治、経済、法律から、労働、医療、福祉、教育分野にいたるまで日本の制度をつくり替え、それによって富める者が利権を握る、資本を持つものが利益を総取りする世の中にしてきました。

竹中氏は、小泉政権後、麻生太郎首相から遠ざけられ、自民党内からも批判を浴び、民主党政権時代にはいったん過去の人となりました。

ところが、安倍政権にとりたてられ、安倍政権でも民間議員として労働規制緩和の推進に奮闘しています。小泉構造改革から日本は「優勝劣敗」の社会へと変わってしまいました。いまも格差は広がり、20代単身世帯の6割が貯蓄ゼロです。

その大本に、この人がいます。日本に際限ない競争社会を導入したのです。

本来、雇用は「正規」と「非正規」に分けて考えるものではありません。正規の労働者には義務づけられている、福利厚生や有給休暇などの権利が、非正規ではほぼ認められていません。遅ればせながら同一労働同一賃金が言われていますが、非正規雇用は大きなハンデを背負っています。日本では、「非正規」の労働者を増やせば増やすほど経営側が儲かります。

そして、ボロ儲けさせた会社にあとになって天下るのは、どう考えてもあまりに節操がありません。

日本のような雇用慣行の国で、性急に「非正規」の枠を広げれば、大きな痛みを伴います。大企業に「使い捨て」にされる労働者の数が増え、一生低所得の職業を転々とし、貯金も結婚もできないような人をつくってしまいます。

竹中氏は、そこまで考えて「規制緩和」の旗を振ったのでしょうか。私は疑問です。

パソナが竹中会長に支払う報酬は年に数千万円です（役員5人の報酬の合計が3億1600万円）。それだけ払ってもお釣りがくるほど儲けさせてもらったのでしょう。さらに竹中氏は安倍政権でも労働分野で規制緩和を唱えつづけています。

全国で指定された国家戦略特区では農業支援、家事支援など外国人材の受け入れをはじめ、2019年4月には改正入国管理法が施行されて特定技能を有する外国人労働者を受け入れることになりました。

当然、パソナにとっては新たなビジネスチャンスが広がったことになります。

「現代人は90歳まで働くことになる」

竹中氏はそう言っています。つまり、庶民は「死ぬまで低賃金で働け」、と言わんばかりなのです。

佐護勝紀氏

ゆうちょ改革のキーマン

現ソフトバンクグループ副社長で、グループ全体の投資戦略を指揮している佐護勝紀氏の経歴も壮観です。東大大学院工学系研究科の修士課程を修了し、1992年、ゴールドマン・サックス証券に入社。債券や株式のトレーディングの担当を経て、2011年から副社長に就任。証券部門全体を統括し、2014年に副会長に就任しました。

東大出で抜群に頭が切れ、若くして「天才トレーダー」と言われた佐護氏は、学生時代からモデルを務めたほどのハンサムで「オヤジキラー」でもあり、外資系企業で出世するすべての条件を兼ね備えた人だそうです。2000年にはテレビ朝日のアナウンサーだった吉元潤子さんと結婚されています。

まさに、人もうらやむ人生です。

その収入も破格で、2004年度の高額納税者名簿の全国74位に、佐護氏の名前があります。佐護氏の納税額は3億6763万円で、ここから推定される年収は10億円以上。なんと、この年の年収だけで比べると、ソフトバンク社長の孫正義氏（87位）、歌手の宇多田ヒカルさん（全国75位）より上です。絶頂期の宇多田さん以上の年収を得るために、どのような働きが求められるのか想像もつきませんが、会社によほど巨額の利益をもたらしたのでしょう。ちなみに佐護氏は、このときまだ30代です。

その後、43歳で副社長に、46歳で副会長に抜擢されていることから、長年にわたってゴールドマン・サックス日本法人の社長を務める持田昌典氏の有力な後継者候補の一人だったと思われます。

しかし佐護氏は、この直後にゴールドマン・サックスを去るという決断をします。ゴールドマンのトップである持田氏との間で何があったのかわかりませんが、この後佐護氏は華麗なる転身を繰り返します。

2015年2月に金融庁の参与に転じ、金融行政に助言する立場となり、同年6月、ゆうちょ銀行副社長に就任します。

元「天才トレーダー」の佐護氏は、ゆうちょ銀行の投資スタイルを劇的に変えました。まず、「七人の侍」と称して、古巣のゴールドマン・サックス、バークレイズ、投資ファンドなどからデリバティブ投資や株式投資の専門家をヘッドハント。これによって、200兆円ものゆうちょ銀行の資産は、「積極運用」される方針に急転換しました。

ゆうちょ銀行の長門正貢社長（当時）は、「聖域なくあらゆる投資物件を探す」「もっと（運用の）プロが欲しいと思ったので、給与体系を変えて外部から公募した」と言っていました。

佐護氏がゴールドマンで受け取っていた額に見合った給料を用意して、ゆうちょに迎え入れたということのようです。結局、佐護氏が外部から集めた人材は「七人」どころか40人にも及んだそうです。そしてこの面々が、巨額のゆうちょ資金を海外の危険な債券市場に突っ込んだのです。その結果は劇的でした。

2016年には、外国債券や未公開株など、いわゆる「リスク資産」への投資が、60兆円に達しました。これは、ゆうちょ全体の資産200兆円のうちの3割にも及びます。日本国民がコツコツ郵便局に積み立てた貯金は、佐護氏の登場によって、あっという間に海外に流出したのです。

残念ながらその後、ゆうちょ銀行の運用成績はいまひとつです。佐護氏の設定した戦略が本当に正しかったのか、最近になってようやく疑問視する報道が出はじめました。

年収9億8200万円

しかし佐護氏は、機を見るに敏です。運用成績が低迷していることが意識される前に、ゆうちょを後にすることを決断しました。

ゆうちょ入社から3年後の2018年6月、今度は孫正義社長率いるソフトバンクグループに副社長として迎えられたのです。

このとき副社長に就いたのは佐護氏の他、いずれもソフトバンクグループ取締役、ボリビア人のマルセロ・クラウレ氏とインド出身のラジーブ・ミスラ氏でした。実はこの直前に、孫正義氏が自らの後継者に指名していたインド出身のニケシュ・アローラ氏が突然退社し、「ナンバー2」が空席になっていました。そのアローラ氏の抜けた穴を、佐護氏含め3人で埋める体制になりました。

クラウレ氏は、米スプリントや英アーム、米ボストンダイナミクスなど傘下の海外企業を統括するソフトバンクグループインターナショナルの最高経営責任者でもあります。第1章で述べたようにスプリントやウィーの立て直しを命じられ、苦闘しています。

3人目のミスラ氏は、ソフトバンクが手掛けた旧ボーダフォン・ジャパン買収の際の資金調達を担当し、２０１４年にソフトバンク入りしました。

２０１７年のビジョン・ファンドの立ち上げ時には責任者となり、サウジアラビアのムハンマド皇太子と孫氏との会談を橋渡しするなどビジョン・ファンドのスキームづくりのため奔走しました。現在は、同ファンドの運用を担うソフトバンクインベストメント・アドバイザーズに就任しています。

孫氏は佐護氏を含む３人を競わせ、自分の後継者を見きわめたいということでしょうが、結果が出なければすぐにその座を追われることは明らかです。

まるで戦国武将の織田信長のように、明智光秀、羽柴秀吉、柴田勝家らを競わせ、煽りに煽ってその能力を極限まで引き出そうという算段でしょう。ちなみに孫氏は坂本龍馬のほか織田信長を敬愛しています。

佐護氏はソフトバンクでも、グループ全体の投資戦略を担うとされ、最高戦略責任者（ＣＳＯ）に就任しました。

佐護氏は当初、ビジョン・ファンドの立て直しを孫氏から依頼されたようですが、断ったと聞いています。それでは、佐護氏はソフトバンクでどんな仕事を手がけるのか。それはどうやら、ソフトバンクを「第二のゴールドマン・サックス」にすることのようです。そのために必要な人材を、高給を用意して次々に集めています。

2019年1月、ソフトバンクグループ内に「リアルアセット投資部」を新設し、ゴールドマン・サックスでゴルフ場投資などを手掛けた木本啓紀氏を招いて部長に据えました。「リアルアセット」とは、翻訳すれば「実物資産」です。不動産やインフラ、資源などへの投資によってリターンを得ようとするもので、木本氏のゴールドマン・サックス時代の実績に目をつけ、それと同じことをソフトバンクでもやってくれ、ということでしょう。リアルアセット投資部は、木本氏の着任に伴って、年収521万円以上2500万円以下という条件で求人広告を出しました。

つづけて5月には「投資戦略統括CSO室」を設置し、同じくゴールドマンから招いた長尾至氏を室長にしています。そのほか、投資担当として投資銀行やファンド、コンサルタント出身者、医師ら約10名を採用、と報じられています。

佐護氏はゴールドマン・サックス、ゆうちょ銀行でもやったように、「チーム佐護」をつくって投資を活発化させようということのようです。かつて「天才トレーダー」だった佐護氏は、いまやどちらかといえば「呼び屋」のような存在になっているのです。

その報酬額（２０１８年度）は、なんと9億８２００万円。ソフトバンクの定時株主総会の招集通知によれば、内訳は基本報酬が4億２５００万円、賞与は5億５７００万円と開示されたのです。孫氏は2億２９００万円、最多はロナルド・フィッシャー副会長の32億６６００万円でした。

孫社長の報酬額が他の役員より低いことに疑問を抱く人がいるかもしれませんが、孫氏は同社の大株主なので、受け取る配当金は１００億円を超えます。役員報酬が低くても収入は桁違いなのです。

「投機的」格付け

おそらく佐護氏は今後、孫氏が求めるだけの結果を出せるよう、しゃかりきになって数字を作るはずです。

孫正義氏はソフトバンクの目指すものについて問われ、

「M&Aが目的ではない。情報通信革命を達成するための手段に過ぎない」

と答えています。

しかし、トレーダー出身の佐護氏を副社長に据え、不動産投資を始めた現在のソフトバンクグループの姿は、完全な投資会社です。

ソフトバンクの携帯電話を使う人たちが払う使用料や、一般向けに発行した社債で、資金をかき集めています。われわれのお金を使って危険な投資をしているという意味では、ゆうちょ銀行や農林中金とまったく同じ構図なのです。

ソフトバンクグループの社債は、格付け会社スタンダード&プアーズでBB+という評価をされています。これは「投機的」という非常に低い格付けで、そのために発行する社債の利率は高く、投資家の人気を集めています。

しかし、あらためて言うまでもないですが、この社債はソフトバンクグループが倒産すれば紙くずになるのです。孫氏・佐護氏はあまりに危険な「火遊び」に興じているように私には見えます。

ソフトバンクグループの社債を買っている人たちは、気が気ではないでしょう。もちろん、ソフトバンク社の携帯電話やスマホを使っている人たちにも、気分のいい話ではないはずです。

第5章　金融資本と闘うために

資本主義という麻薬

最終章となりました。ここでは、間もなくやってくる巨大な金融危機から救われるためにどうすべきか、について語りたいと思います。

繰り返しますが、バブルは間もなく破裂します。

ウォール街は2008年のリーマン・ショックから何も学ばず、ほとぼりが冷めると、新手の金融派生商品を生み出し、「リスクは証券化によって分散され、最小限になった。最高ランクの格付けもある」と主張しています。

大量のCLOを買い込んでいる農林中金の決算発表にも、それと同じような言葉が並んでいます。

・投資対象＝AAA格に限定

・裏付資産＝組入可能資産についての厳格な基準設定

　裏付資産内の個別銘柄・業種の分析

・ストラクチャー＝当金庫独自の厳格なストレステスト

ウォール街の金融マンたちのセールストークを、農林中金の担当者が鵜呑《うの》みにして債券を爆買いしているのでしょう。

それらの金融商品の危険性については、これまで繰り返し指摘してきました。金融資本家は、なぜ同じ過ちを繰り返すのでしょうか。なんらかの陰謀のもとに、純朴な投資家を陥れているのでしょうか。それとも、資本主義というシステム自体に、あくなき利益を追求しつづける麻薬が仕込まれているのでしょうか。

いずれにせよ、これまでは、新しい市場の開拓やテクノロジーの革新によって、経済が発展しつづけることを前提としていました。

しかし、20世紀のような急激な発展は、もはやあり得ません。

リーマン・ショックのときは、中国やインド、ブラジルなど、今後経済的な発展が見込める新興国が残っていました。しかしそれらの新興国経済もあっという間に成熟へ向かい、いまやバブル崩壊さえ心配されています。

つぎの新興国としてミャンマーやアフリカ諸国が注目されていますが、結局同じことでしょう。金融資本家は性懲りもなくミニバブルをつくり、それによって儲けられるだけ儲けると、「次」を探すのです。

人間の欲望には限りがありません。

金融資本家たちは「もっと儲けたい、もっともっと」と新たな知恵を絞り、新たな金融商品を市場に出すでしょう。

しかし、金融工学がどれほど発展しても、リスク分析が高度になろうとも金融危機はまた訪れます。その繰り返しです。

しかし、次の金融危機は、リーマン・ショックの10倍くらいの巨大な規模になる恐れがあります。いままでのバブルは、政府が巨額の財政支出をしたり、金融緩和などで抑え込んできましたが、今回は、そんな方法ではカバーできないくらいの規模のものになりま す。そしてその発火点は、おそらく、巨額の資産を運用している「投資ファンド」になるでしょう。

日本にも、「投資ファンド」と名乗ってはいないものの、実態としては巨大な投資ファンドそのものというところがいくつもあるということは、これまで見てきたとおりです。そこからいわゆる金融機関に飛び火し、大企業、そしてその下請け・取引先企業が甚大な打撃を受けるでしょう。そこで働く人たちの雇用や収入がどうなるか、火を見るより明らかです。

金融資本家たちの火遊びのツケは、いつもわれわれ庶民に回ってきます。

暴走を止めるには

ＣＬＯは庶民が見てもわからない金融派生商品ですが、私に言わせればババ抜きです。市場でババをひいた金融機関や個人は甚大なダメージを負います。この、過大なレバレッジ体質（少額の資本で多額の取引をする）を放置したままでいいのでしょうか。リスクの高い金融商品を規制せずに野放図に放置したままでは、被害者が増えつづけるだけです。最初からババ抜きとわかっているものは、行政の力でストップし、強制的にブレーキをかけることが必要と考えます。

金融制度を変え、監査・監督を強めないと、ゆうちょ銀行や農林中金、メガバンクに貯め込まれた日本人の預貯金はバクチの種銭になって、どんどん溶かされていってしまいます。

だからこそ、法律の力で金融資本の暴走をストップしなければならないのです。

もちろん、規制を強めると市場の自由な発展を阻害する恐れもあります。市場経済は自由が原則です。全部を一律で規制すると経済が回らなくなります。ただ、一部の強欲で投機的なデリバティブやシャドーバンキングには歯止めが必要です。

金融庁を独立させて日本の最優秀な人材をスカウトし、ケース・バイ・ケースで規制していくのが最善の方法と考えています。

次から次へと生み出される金融商品をたちどころに理解し、その商品を規制した際のマイナス点を洗い出し、市場への影響を分析する人材が必要です。金融庁の職員にも優秀な人が多いのですが、金融の全体を見渡せ、この新しい商品が市場にどういう影響を及ぼすのか、を見抜くには日本の金融界が総力をあげ、「ワンチーム」となって取り組む必要があります。

少なくとも、ゆうちょ銀行は金融庁の監督下にあります。金融庁が動けば、危険な債券の「爆買い」にストップをかけられるはずです。たった一本の通達で止めることも可能なのですから、いますぐにでもそうすべきです。

「危機」を前提とした投資を

サラリーマンでも、証券会社で数百万円規模の運用をしている人は多いと思います。文字通り額に汗して貯めた資金を、老後のために一円でも増やそうと、証券マンの勧める商品に資金を投じているのでしょう。証券マンが見せる資料は、当然ですがその金融商品の過去の実績を示したものばかりです。

株にせよ、投資信託にせよ、不動産投資信託（REIT）にせよ、これまでの実績がこうだったから、これからはこうなります、という「予測矢印」は、必ず右肩上がりです。

しかし、本書をここまで読んでいただいた方はおわかりのように、「これまでと同じ相場環境」は絶対に続きません。どこかの段階で、市場の「巨大な大変化」が起こるほうが、むしろ自然です。

たとえばソフトバンクグループは、2016年に年3%もの利回りで個人向け社債を発行しました。この社債の償還日はなんと25年後の、2041年9月です。普通に考えて、いまの異常な超低金利と安定した相場が25年も続くでしょうか？　私は疑問です。25年間ものあいだ、金融市場で何も起きないと考えるほうが不思議です。

個人投資家の皆さんも、「いずれ（近々）来る金融危機」を頭に入れて金融商品を見れば、買うべきもの、買ってはいけないものがわかるはずです。とにかくあらゆる金融資産が下がりますから、攻めのポジションはすべて解消し、できる限りいろいろな投資対象に資金を分散しておくことをお勧めします。

また、いかに金融危機が来るとはいえ、一時的には大きく価値を下げる金融商品も、時間が経てばある程度は価値を戻すと思われます。短期的な資金繰りに困らないようにしたうえで、長期保有できると判断した金融商品は、腰を据えて持っておくのが良いでしょう。

強調しておきたいのは、金融危機といっても日本で流通するおカネがまったくなくなってしまうわけではないし、経済活動がいっさいなくなるわけではないということです。人間が生きていくために必要なものは変わらず必要ですし、その部分の需要はなくなりません。

もしいま私が株を買うなら、金融資本家とできるだけ距離の遠い会社、たとえば製造業とか、エネルギー企業に目を向けたいと思います。

たとえば、社員の平均給与が2100万円超と、日本でトップクラスに高い上場企業で知られるキーエンス。センサーや画像処理システムを企画・製作するメーカーです。50%を超える驚異的な営業利益率もすごいですが、1・5兆円もの自己資本を持ち、自己資本比率は95%前後と財務はこれ以上ないほど盤石《ばんじゃく》です。

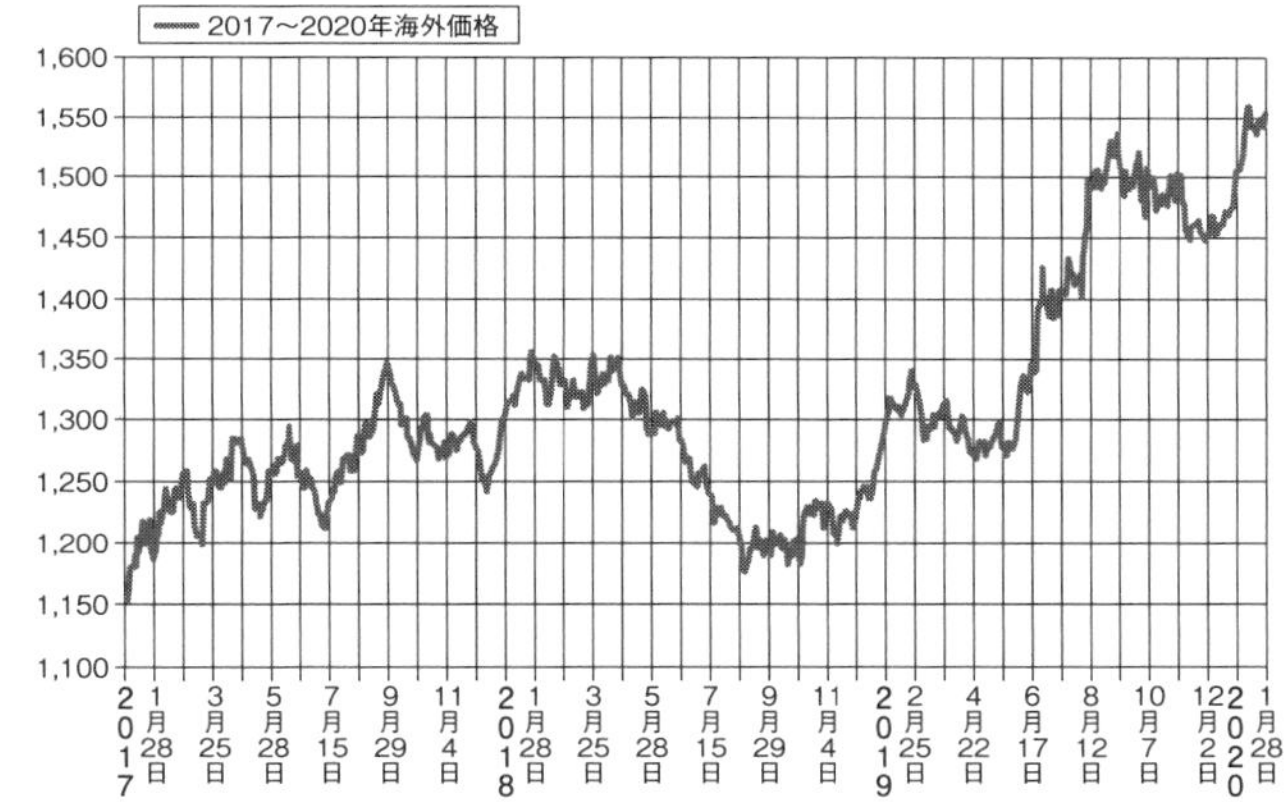

2017 ～ 2020年の金価格

東京電力もかつては巨額の社債を発行していましたが、東日本大震災で実質国有化されて以降は、長く発行できませんでした。

通産省の官僚からファンドマネジャーに転じた村上世彰氏は、昭栄（現ヒューリック）や東京スタイル、阪神電鉄（当時）など、企業としての活動が活発ではないのに、多額の現金を貯め込んでいる企業を狙って株を買い占め、現預金を吐き出させることで株価アップや投資した資金の回収を狙いました。

堅実さを指して「非効率な経営だ」というのが欧米の金融資本家の常套句なのですが、この「非効率な経営」こそが、金融危機のときの最大の防御壁になるのです。その対極が、「レバレッジ」です。少ない資本を猛烈に回転させ、効率よく稼ぐということですが、それがいかに危険な道か、ご理解いただけたと思います。

２０１９年に入ってからは、金《きん》の値段がかなり上がっています（前ページ図参照）。これは、金融資本の暴走と崩壊を予感している投資家が、潜在的に相当増えていることを示しています。

「不動産を買っておけば」と考える人もいると思いますが、いまや不動産も先ほど名前をあげた「不動産投資信託」などの形で金融資本に組み込まれてしまっています。今後日本の生産年齢人口は減る一方ですから、土地の需要も下がります。土地神話は完全に過去のものだと、私は思っています。

「それなら現金を持つしかないじゃないか！」と感じた方もいるかもしれません。はい、その通りです。現金で資金を保有することは、悪い選択肢ではありません。銀行に預けていてもほとんど利子がつかないですし、金融商品にはその先に「奈落」が口を開けて待っている。

現金であれば、日本国が潰れないかぎり、信用力は完全にはなくなりません。日本の対外純資産は世界一ですから、金融危機が起きれば円高になる可能性が高いのです。今度の金融危機は日本という枠を超えた世界的かつ巨大なものになりますから、どの通貨も安心とはいえません。それならば、自分の住む国の通貨を手元に置いておくことがいちばん自然な選択です。もちろん、多額の現金を持つ人は丈夫な金庫が必要になりますが……。

富裕層の金融所得課税を強化

私自身は、政治の力で金融危機を食い止めたいと考えています。

２０１６年のアメリカ大統領選挙の民主党の候補者指名争いで、バーニー・サンダース上院議員が「反ウォール街」を掲げ、若者を中心に「バーニー旋風」を巻き起こしました。

２０２０年の大統領選では民主党のエリザベス・ウォーレン上院議員が「反ウォール街」「反エスタブリッシュメント」として富裕層への課税強化や企業優遇の税制の是正などを掲げています。

資本主義の権化のようなアメリカで、若者を中心に社会主義を支持する人が増えていて、驚きをもって迎えられています。日本でも「れいわ新選組」の山本太郎代表が消費税の全面廃止や法人税の重税化・累進化を主張、「奨学金をチャラに」と訴え、注目を浴びています。

彼らは、現代の形を変えた社会主義者、急進左派といえると思います。富裕層への課税強化、消費税減税などについては私も同意見ですが、資本主義そのものを壊すような社会システムや、単純なバラマキはよくないと考えています。その点で、ウォーレン氏や山本太郎氏のような左派とは政治スタンスは違います。

とはいえ、皆さんの意識で社会を変えられるという点では、私も同感です。もう少し踏み込んで言えば、皆さんがもっている一票で政治の仕組みだって変えられます。

どう変えるか。

私は、資本からの自由を獲得することを目指しています。

お金に縛られるというのは資本に縛られるということです。金融資本主義という、バクチに溺れる連中に縛られるのは、もう止めにしましょう。

政治が動いて、法律を変えることで、世界は変わるのです。

いかに優れた経済学説があっても、有力な政治家が政策として採用しないと経済体制を変えることはできません。

発信力のあるエコノミストや金融ジャーナリストでも、体制そのものを変えることは困難です。「はじめに」でも述べたように、私が政治を志す理由は、金融行政を変えたいと願うからです。富の偏重を是正したいのです。

たとえば、年俸を数十億円も手にする富裕層に、なんらかの規制、義務を課します。世界的な投資家のウォーレン・バフェット氏が「富の再配分」を掲げているように、債券の売買などによる巨額の利益には、課税を強化すべきです。また、アメリカ同様1年以内の短期の売買によるキャピタルゲイン（株や債券などの売買差益）については、税率を上げるべきではないでしょうか。

アベノミクスには「株価対策」という一面もあり、株価を維持するために現在の株式売買によるキャピタルゲインへの課税は一律20・315％という低率ですが、これは年収３０万1円以上、６９５万円以下の人に対する所得税額20％とほぼ同じです。キャピタルゲインがあるほどの金融資産を持つ人は富裕層がほとんどですから、やはりこの税率は低すぎると思います。

こうした金融取引に対する課税で得た税金をもとに、低所得層のＩＴ教育に予算を振り向けるなど富と機会の再配分を行うべきです。

もちろん、これを実現するためには「G20」程度の各国の協力が必要です。富裕層を他国に流出させないために、各国一斉に規制へと踏み切る必要があります。

ピープルパワーで!

アベノミクスで企業の内部留保は過去最大に増加しています。2012年度末の時点では304兆円だった内部留保が、2018年度末の時点では463兆円に達しています。東証一部上場企業の配当金総額は2001年度が2兆円だったものが、2018年度には11兆6700億円に増加しています。

これを、若い労働者に還元すべきです。労働者の38・2%が非正規の労働者です(2019年平均)。彼らを正社員として雇用し、ITなどの新しい産業領域に長じた人材として育成する制度へと変えていければと考えています。特に、ITに精通した人の育成は急務です。長い目で見れば、そのことが日本という国の生き残りに直結すると思います。

残念ながらいまの日本は、ITの分野で周回遅れの国となっています。

「技術立国」は過去の話で、アメリカはいうまでもなく、国家目標として人材を育成する中国にも立ち遅れています。この分野でもっとも進んでいるのは、イスラエルでしょう。

スウェーデンやデンマークのような北欧諸国も、若い層のＩＴ教育に大きな投資をしています。

日本ではやっと２０２０年度から、小学校でＩＣＴ（情報通信技術）教育に取り組むようになった程度です。

新しい学習指導要領では２０２０年度から小学校で、２０２１年度から中学校で、２０２２年度から高校でプログラミング教育が必修化されることになりました。

着手したこと自体は評価しますが、小中学校にパソコンやタブレット端末を一人一台配備するのは早くても２０２３年度までかかります。市民一人ひとりが、ＩＴに使われるのではなく、ＩＴをコントロールして自覚的に使えるようになるだけでも、ＩＴ教育には意味があると思います。

テレビも影響力を失いつつあり、ＹｏｕＴｕｂｅにその座を脅かされています。

多くの人が四六時中、ｉＰｈｏｎｅなどのスマートフォン端末を手にし、グーグルで検索し、ＳＮＳで交信し、アマゾンなどで買い物をしています。

アメリカのＩＴは電気やガス、水道のような公共サービスと同じように生活に欠かせない重要なインフラになっています。

このITインフラは、金融資本とがっちり手を結んでいます。金融資本家はITインフラを通じて情報を吸い上げ、消費者一人ひとりを年収や属性別に切り分けて分類し、ビッグデータ化しています。

なにかに似ていると思いませんか？

そう、「証券化」です。それぞれの融資先の事情はそれぞれまったく違うはずなのに、同種のものを集めてビッグデータ化し、さらにそれを似た属性ごとに切り分けて「証券化」するのです。

IT業界と、金融資本家のやり口は非常に似通っています。そこにはもう、人間一人ひとりの顔は見えません。

ビッグデータというと、日本では個人情報流出の話ばかりされていますが、私はむしろこちらのほうを危惧しています。個人の所得や、貯蓄、資産などの状況、家庭環境、勤務先、年齢、趣味、友人、教育などあらゆることがビッグデータとして「証券化」され、IT企業と結んだ金融資本によって「金融商品」に姿を変え、売買される——そんなディストピアは、もうすでに始まっています。

しかし、皆さん、考えてみてください。アマゾンやグーグル、アップル、フェイスブックにある情報が、あなたのすべてでしょうか？　ネットで何を検索しているかによって、あなたの頭の中身はすべてわかるのでしょうか？

絶対に、絶対にそんなことはあるわけがありません。それをビッグデータ化し、「証券化」しても、そこには何かしら、必ず零《こぼ》れ落ちている情報があるはずです。

金融資本も同じです。あらゆる債券や融資を集め、巧妙に証券化したとしても、サブプライムローンがそうだったように、融資の現実を正確に反映したものにはなり得ません。そんな金融商品が、「絶対安全」「ＡＡＡ」のはずがありません。

私のＹｏｕＴｕｂｅチャンネルでは、最後に必ず、「なんだってできるのさ、ピープルパワーで」と言って締めています。

巨大ＩＴ企業や、金融資本の波にさらわれないためには、「ピープルパワー」＝個の力の結集以外に道はあり得ません。私たち一人ひとりは、ビッグデータで証券化される金融商品ではありません。意思を持ち、行動する人間です。

巨大金融資本の思惑に流されていけば、その先には破滅が待っています。とはいえ、たった一人で抵抗するのは並大抵のことではありません。

自ら考え、行動する自立した仲間が必要です。

いまが最後のチャンスかもしれません。金融資本の暴走と、超巨大危機を食い止めるか、少しでもその規模を小さくするためには、国単位でのうねりをつくっていくことが必要です。あなたもぜひ、連携してください。

なんだってできるのさ、ピープルパワーで！

あとがき

私は２０１１年から４年間、故郷の愛媛県で農業をやっていました。ご存知のように愛媛はみかんの名産地です。専業で、１ヘクタールぐらいの畑を作付けし、みかんと野菜を生産していました。

私が金融業界を離れて農業を始めたのは、リーマン・ショックのあとの惨状を目の当たりにし、虚業が大勢を占めるようになってしまった金融業界に絶望し、地に足のついた仕事をしたいという想いからでした。

帰郷と同時に始めた政治運動が忙しくなりすぎ、農業は４年で休業することになりましたが、真剣に農業に取り組んだ体験は私にとって何ものにも代えがたい意義のあるものでした。

食糧の生産がなければ、誰も生きていけません。

しかし、世の中のエリート中のエリートである金融業界の人間たちが行っているマネーゲームは、間違いなく農業を破壊しています。ソフトバンクのビジョン・ファンドの経営を行う人たちの年収は、10億円です。

若い農業者が一生懸命働いても、年収200万円を得るのがやっとです。年収10億円ももらうようなエリートがウィーワークのような虚業を生み出し、社会に害悪を撒き散らしています。どう考えても若き農業者のほうが社会の役に立っているでしょう。

この矛盾を解決しない限り、これ以降の人類の発展はないと私は確信しています。

農業を休業し政治活動に専念したのは、農業者だけではなく、漁業者や林業、建設業、サービス業など普通に働く人たちにお金がまわる、当たり前の経済を取り戻したいと強く思うようになったからでした。そのためには政治を変え、金融の仕組みを根底から変えなければなりません。

私は大阪大学の工学部で物理学を専攻していました。将来の進路を考えたとき、核融合の研究をしようか、起業家になろうか、ふたつの選択肢の間でかなり真剣に悩んだ時期がありました。

核物理は、20世紀の物理学者にとってもっとも重要なテーマのひとつでした。結果として私は起業家の道を選ぶのですが、それは自由な資本主義の精神に基づいて優秀な研究者たちに資金が投入され、科学の力によって社会を良くしたいと考えたからでした。

しかし10年間取り組んだ結果、実際の金融業界はすでに腐敗していて優秀な科学者や技術者の下に資金が回ってくる理想的な姿とはまったく乖離《かいり》しているということを知るに至りました。

結果として、私は政治の道に足を踏み入れることとなりました。

私たちの政治活動で、もっとも強く訴えたいことは、行き過ぎたグローバリズムの是正です。いま、世界中で貧富の差が拡大しつづけ、多くの人々は息苦しさを感じるようになりました。日本でも20代単身世帯の6割が貯蓄ゼロ、シングルマザー家庭の82％が生活が苦しいと訴え、特に若い世代の息苦しさが大きな問題になっています。

人類の進化のためにも、地球が持続的に存続していくためにも、若い人たちが多様な価値観を持ち、多様な社会、および生態系を作っていく必要があります。若い人たちの貧困は人類と地球にとって大きなマイナスであるとしか言いようがありません。

この貧富の差の根源であり、社会の多様性を失わせている根源がグローバリズムです。

いま、地球上の種が絶滅するスピードが加速していると警鐘を鳴らす科学者が増えています。その背景には、人類による環境破壊が影響していると私は思っています。

地球では少なくとも過去5回、最大で生物の96％の種が短期間に絶滅するような大きな生態系の変化があったとされています（大量絶滅）。いまのような状況が続けば、いつか人類の活動が6回目の大量絶滅の引き金を引くだろうと強い危惧を覚えています。もうその引き金に指をかけてしまっているのです。

人類が生きていけるのも、虫や目に見えない細菌までを含む生物の多様性があるからです。生物と地球環境そのものの多様性が失われてしまう場合、人類は絶滅寸前まで追い込まれてしまうことは容易に想像がつきます。いまの人類の生き方、ありようを見直さない限り、そう遠くない将来、人類はいまのようには暮らしていけなくなります。

そうした中で、次の時代の人類のありようを生み出してくれるであろう若い人たちに、あまりにも資源が行きわたっていないのですから、いまのままであれば人類の未来は本当に暗いと思います。

では、その人類の未来を壊しつづけるグローバリズムとは何かというと、それは言い換えると資本主義です。

この資本主義の大きな問題点は、利子と通貨の発行の仕組みそのものにあります。それを変えることこそ、行き過ぎたグローバリズムを是正することであり、社会の多様性を取り戻し、人々の暮らしをより良くするための大きな転換になります。

確かに現在の資本主義は巨大なシステムですが、利子も通貨の発行の仕組みも、絶対的な自然法則ではありませんので、人々が合意すればどのようにでも変えることができます。いまの金融業界がやっていることは大半がマネーゲームであって、人類の創造的活動にとって悪影響しか与えていません。あまりにひどいいまの仕組みは、とにかく変えるべきです。

本書を通じてきわめて近い将来、大きな金融危機が来ると訴えてきました。

しかし、ピンチはチャンスでもあります。大きな経済崩壊が起こるということは、多くの人が問題に気付くということでもあります。私自身、リーマン・ショックで目覚め、政治活動を始めて10年が経とうとしています。

私たち「オリーブの木」が何よりやりたいことは、行き過ぎたグローバリズムの是正、それは金融の仕組みを変えることです。経済、特に金融システムについては一般にはなかなか馴染みのない分野で、理解するのが難しいという方もいると思います。

でも、多くの人は残念ながらお金に振り回されて生きています。お金ってなんだということを一人でも多くの人に理解してもらうことが大事です。

お金の発行の仕組みを含む金融システムは、法律によって運用されています。世界中で多くの人々が目覚め、システムを変えようと思えば、政治の力でいますぐにでも変えられるのです。

私たち「オリーブの木」は、皆さまと一緒に世の中をより良い方向に変えていきたいと考えています。ぜひ、力を貸してください。

末筆になりますが、本書の出版にあたりご協力、ご助言をいただきました皆さま、ならびに、日々「オリーブの木」の活動を支えてくださっている皆さまに、心より感謝申し上げます。

2020年2月

黒川敦彦

本文中使用写真提供：共同通信社（ｐ19、ｐ28、ｐ34、ｐ59、ｐ63、ｐ73）
時事通信社（ｐ111、ｐ113）

黒川敦彦

1978年、愛媛県今治市出身。大阪大学工学部卒業後、国立研究開発法人新エネルギー・産業技術総合開発機構の研究員として大阪大学の大学発ベンチャーの設立支援業務に従事する。大阪大学歯学部発ベンチャー企業の株式会社アイキャットを設立、代表取締役CEOとして製品化・マーケティング体制構築の実務に従事（のち退社）。技術系ベンチャー十数社を設立、ベンチャー企業への投資、経営支援業務に従事する。

リーマン・ショックを機に金融業界を離れ、2011年春、今治に帰郷し農業と政治活動を始める。地元今治で加計学園問題を追及する社会運動を起こし、2017年安倍晋三総理のおひざ元山口4区から衆院選出馬。政治団体「オリーブの木」を設立、代表となり、2019年参院選に候補者10名を擁立。

2018年からYouTube上での発信を開始して爆発的な人気を獲得、2020年1月現在16万人を超えるチャンネル登録者がいる。

講談社＋α新書　**824-1 C**

ソフトバンク崩壊《ほうかい》の恐怖《きょうふ》と
農中《のうちゅう》・ゆうちょに迫《せま》る金融《きんゆう》危機《きき》

黒川敦彦《くろかわあつひこ》 ©Atsuhiko Kurokawa 2020

2020年3月19日第1刷発行
2020年6月19日第6刷発行

発行者―――― **渡瀬昌彦**

発行所―――― **株式会社 講談社**
東京都文京区音羽2-12-21 〒112-8001
電話 編集(03)5395-3522
販売(03)5395-4415
業務(03)5395-3615

デザイン―――― **鈴木成一デザイン室**

カバー印刷―――― **共同印刷株式会社**

印刷―――― **豊国印刷株式会社**

製本―――― **牧製本印刷株式会社**

本文組版―――― **朝日メディアインターナショナル株式会社**

定価はカバーに表示してあります。

落丁本・乱丁本は購入書店名を明記のうえ、小社業務あてにお送りください。

送料は小社負担にてお取り替えします。

なお、この本の内容についてのお問い合わせは第一事業局企画部「＋α新書」あてにお願いいたします。

本書のコピー、スキャン、デジタル化等の無断複製は著作権法上での例外を除き禁じられています。本書を代行業者等の第三者に依頼してスキャンやデジタル化することは、たとえ個人や家庭内の利用でも著作権法違反です。

Printed in Japan
ISBN978-4-06-519441-6

講談社+α新書

工作員・西郷隆盛 謀略の幕末維新史
倉山 満
「大河ドラマ」では決して描かれない陰の貌。明治維新150年に明かされる新たな西郷像！
840円 781-1 C

2時間でわかる政治経済のルール
倉山 満
消費増税、憲法改正、流動する外交のパワーバランス……ニュースの真相はこうだったのか！
860円 781-2 C

「よく見える目」をあきらめない 遠視・近視・白内障の最新医療
荒井宏幸
劇的に進化している老眼、白内障治療。50代、60代でも8割がメガネいらずに！
860円 783-1 B

野球エリート 野球選手の人生は13歳で決まる
赤坂英一
根尾昂、石川昂弥、高松屋翔音……次々登場する新怪物候補の秘密は中学時代の育成にあった
840円 784-1 D

NYとワシントンのアメリカ人がクスリと笑う日本人の洋服と仕草
安積陽子
マティス国防長官と会談した安倍総理のスーツの足元はローファー…日本人の変な洋装を正す
860円 785-1 D

医者には絶対書けない幸せな死に方
たくきよしみつ
「看取り医」の選び方、「死に場所」の見つけ方。お金の問題……。後悔しないためのヒント
840円 786-1 B

もう初対面でも会話に困らない！口ベタのための「話し方」「聞き方」
佐野剛平
『ラジオ深夜便』の名インタビュアーが教える、自分も相手も「心地よい」会話のヒント
800円 787-1 A

人は死ぬまで結婚できる 晩婚時代の幸せのつかみ方
大宮冬洋
80人以上の「晩婚さん」夫婦の取材から見えてきた、幸せ、課題、婚活ノウハウを伝える
840円 788-1 A

サラリーマンは300万円で小さな会社を買いなさい 人生100年時代の個人M&A入門
三戸政和
脱サラ・定年で飲食業や起業に手を出すと地獄が待っている。個人M&Aで資本家になろう！
840円 789-1 C

サラリーマンは300万円で小さな会社を買いなさい 会計編
三戸政和
サラリーマンは会社を買って「奴隷」から「資本家」へ。決定版バイブル第2弾、「会計」編！
860円 789-2 C

名古屋円頓寺《えんどうじ》商店街の奇跡
山口あゆみ
「野良猫さえ歩いていない」シャッター通りに人波が押し寄せた！ 空き店舗再生の逆転劇！
800円 790-1 C

表示価格はすべて本体価格（税別）です。本体価格は変更することがあります

講談社+α新書

書名	著者	内容	価格	番号
少子高齢化でも老後不安ゼロ シンガポールで見た日本の未来理想図	花輪陽子	日本を救う小国の知恵。1億総活躍社会、経済成長率3・5%、賢い国家戦略から学ぶこと	860円	791-1 C
マツダがBMWを超える日 クールジャパンからプレミアムジャパン・ブランド戦略へ	山崎明	日本企業は薄利多売の固定観念を捨てなさい。新プレミアム戦略で日本企業は必ず復活する!	880円	792-1 C
知っている人だけが勝つ 仮想通貨の新ルール	小島寛明+ビジネスインサイダージャパン取材班	仮想通貨は日本経済復活の最後のチャンスだ。この大きな波に乗り遅れてはいけない	840円	793-1 C
夫婦という他人	下重暁子	67万部突破『家族という病』、27万部突破『極上の孤独』に続く、人の世の根源を問う問題作	780円	794-1 A
歩く速さなのに らくらく 健康効果は2倍! スロージョギング運動	讃井里佳子	歩幅は小さく足踏みするテンポ。足の指の付け根で着地。科学的理論に基づいた運動法	880円	795-1 B
AIで私の仕事はなくなりますか?	田原総一朗	グーグル、東大、トヨタ……「極端な文系人間」の著者が、最先端のAI研究者を連続取材!	860円	796-1 C
本社は田舎に限る	吉田基晴	徳島県美波町に本社を移したITベンチャー企業社長。全国注目の新しい仕事と生活スタイル	860円	797-1 C
50歳を超えても脳が若返る生き方	加藤俊徳	寿命100年時代は50歳から全く別の人生を!今までダメだった人の脳は後半こそ最盛期に!!	880円	798-1 B
99%の人が気づいていないビジネス力アップの基本100	山口博	アイコンタクトからモチベーションの上げ方まで。「できる」と言われる人はやっている	860円	799-1 C
妻のトリセツ	黒川伊保子	いつも不機嫌、理由もなく怒り出す——理不尽極まりない妻との上手な付き合い方	800円	800-1 A
夫のトリセツ	黒川伊保子	話題騒然の大ヒット『妻のトリセツ』第2弾。夫婦70年時代、夫に絶望する前にこの一冊	820円	800-2 A

表示価格はすべて本体価格(税別)です。本体価格は変更することがあります

講談社＋α新書

書名	著者	内容	価格	番号
世界の常識は日本の非常識 自然エネは儲かる！	吉原 毅	新産業が大成長を遂げている世界の最新事情を紹介し、日本に第四の産業革命を起こす一冊！	860円	801-1 C
人生後半こう生きなはれ	川村妙慶	人生相談のカリスマ僧侶が仏教の視点で伝える、定年後の人生が100倍楽しくなる生き方	840円	802-1 A
明日の日本を予測する技術 「権力者の絶対法則」を知ると未来が見える！	長谷川幸洋	ビジネスに投資に就職に!! 6ヵ月先の日本が見えるようになる本！ 日本経済の実力も判明	880円	803-1 C
人が集まる会社 人が逃げ出す会社	下田直人	従業員、取引先、顧客。まず、人が集まる会社をつくろう！ 利益はあとからついてくる	820円	804-1 C
志ん生が語る クオリティの高い貧乏のススメ 昭和のように生きて心が豊かになる25の習慣	美濃部由紀子	NHK大河ドラマ「いだてん」でビートたけし演じる志ん生は著者の祖父、人生の達人だった	840円	805-1 A
精日 加速度的に日本化する中国人の群像	古畑康雄	日本文化が共産党を打倒した!! 対日好感度も急上昇で、5年後の日中関係は、激変する!!	860円	806-1 C
6つの脳波を自在に操るNFBメソッド たった1年で世界イチになるメンタル・トレーニング	林 愛理	スキージャンプ年間王者・小林陵侑選手も実践。リラックスも集中も可能なゾーンに入る技術!!	880円	807-1 B
古き佳きエジンバラから新しい日本が見える	ハーディ智砂子	遥か遠いスコットランドから本当の日本が見える。ファンドマネジャーとして日本企業の強さも実感	860円	808-1 C
戦国武将に学ぶ「必勝マネー術」	橋場日月	生死を賭した戦国武将たちの人間くさくて、ユニークで残酷なカネの稼ぎ方、使い方！	880円	809-1 C
さらば銀行 「第3の金融」が変えるお金の未来	杉山智行	僕たちの小さな「お金」が世界中のソーシャルな課題を解決し、資産運用にもなる凄い方法！	860円	810-1 C
IoT最強国家ニッポン 日本企業が4つの主要技術を支配する時代	南川 明	レガシー半導体・電子素材・モーター・電子部品……IoTの主要技術が全て揃うのは日本だけ!!	880円	811-1 C

表示価格はすべて本体価格（税別）です。本体価格は変更することがあります

講談社+α新書

がん消滅
中村祐輔
最先端のゲノム医療、免疫療法、AI活用で、がんの恐怖がこの世からなくなる日が来る！
900円 812-1 B

定年破産絶対回避マニュアル
加谷珪一
人生100年時代を楽しむには？　ちょっとのお金と、制度を正しく知れば、不安がなくなる！
860円 813-1 C

危ない日本史
本郷和人
NHK「偉人たちの健康診断」取材班
明智光秀はなぜ信長を討ったのか。石田三成の遺骨から復元された顔は。龍馬暗殺の黒幕は
860円 814-1 C

日本への警告 米中ロ朝鮮半島の激変から人とお金が向かう先を見抜く
ジム・ロジャーズ
日本衰退の危機。私たちは世界をどう見る？　新時代の知恵と教養が身につく大投資家の新刊
900円 815-1 C

起業するより会社は買いなさい サラリーマン・中小企業のためのミニM&Aのススメ
高橋聡
定年間近な人、副業を検討中の人に「会社を買う」という選択肢を提案。小規模M&Aの魅力
840円 816-1 C

「平成日本サッカー」秘史 熱狂と歓喜はこうして生まれた
小倉純二
Jリーグ発足、W杯日韓共催――その舞台裏にもまた「負けられない戦い」に挑んだ男達がいた
920円 817-1 C

メンタルが強い人がやめた13の習慣
エイミー・モーリン
長澤あかね 訳
一番悪い習慣が、あなたの価値を決めている！　最強の自分になるための新しい心の鍛え方
900円 818-1 A

メンタルが強い子どもに育てる13の習慣
エイミー・モーリン
長澤あかね 訳
子どもをダメにする悪い習慣を捨てれば、〝自分を律し、前向きに考えられる子〟が育つ！
950円 818-2 A

人間関係が楽になる
神経の仕組み
脳幹リセットワーク
藤本靖
わりばしをくわえる、ティッシュを噛むなど、たったこれだけで芯からゆるむボディワーク
900円 819-1 B

もの忘れをこれ以上増やしたくない人が読む本 脳のゴミをためない習慣
松原英多
今一番読まれている脳活性化の本の著者が、「すぐできて続く」脳の老化予防習慣を伝授！
900円 820-1 B

全身美容外科医 道なき先にカネはある
高須克弥
「整形大国ニッポン」を逆張りといかがわしさで築き上げた男が成功哲学をすべて明かした！
880円 821-1 A

表示価格はすべて本体価格（税別）です。本体価格は変更することがあります

講談社＋α新書

世界のスパイから喰いモノにされる日本
MI6、CIAの厳秘インテリジェンス
山田敏弘
世界100人のスパイに取材した著者だから書ける日本を襲うサイバー嫌がらせの恐るべき脅威！
880円
822-1
C

空気を読む脳
中野信子
日本人の「空気」を読む力を脳科学から読み解く。職場や学校での生きづらさが「強み」になる
860円
823-1
C

ソフトバンク崩壊の恐怖と農中・ゆうちょに迫る金融危機
黒川敦彦
巨大投資会社となったソフトバンク、農家の預金等108兆を運用する農中が抱える爆弾とは
840円
824-1
C

表示価格はすべて本体価格（税別）です。本体価格は変更することがあります